感情の言葉や仕組みを理解し、
上手に使いこなせるEQ力を育てる

自分や他人に
振り回されないための

感情
リテラシー
事典

OSHIBA YOSHINOBU 大芝義信

まえがき

「心の機微」を理解し、
感情をコントロールできる人になろう

　私たちは毎日の生活の中で、一瞬ごとにさまざまな出来事から刺激を受け、感情を変化させています。

　そんな中、「子どものことが心配で一日中、考えてしまう」「イライラして同僚に乱暴な言い方をしてしまった」「気分が浮かれて調子にのり、失言してしまった」など、感情に影響を受けて、好ましくない言動をしてしまうこともあります。

　さらに、受験や就職など進路を決めるときや、結婚を決意するときなど、人生の岐路での重要な決断を感情に左右され、失敗してしまうこともあります。

　そもそも感情は、私たちを苦しめたり、人生を混乱させるために存在しているものではありません。自分の命や大切なものを守るための防衛反応であったり、幸せな未来を築くための警告であったり、基本的な感情はどれも私たちに有益なものばかりです。

　ただし人間が文明生活を始めて以降は、取り巻く環境も、人間の思考や欲求も複雑になり、それにともなって感情も複雑化していきました。そのため日常的に無用な感情に苦しめられたり、感情のせいで意思決定を誤ってしまったり、感情のせいでとるべきではない行動をとってしまうケースがしばしばみられるのです。

　だからこそ、快適な毎日や幸せな人生を築く上で、**感情をマネジメントするスキル**が求められています。

**　自分の感情を正確に把握することができ、その感情の性質を理解してい**

れば、**振り回されることなく適切な行動をとることができます。**

　もちろん感情に苦しめられている周囲の人々——すぐに怒鳴り声を上げる人、悲しみに打ちひしがれている人、過去の失敗経験による不安から消極的になっている人、嫉妬や攻撃心から悪意を向けてくる人など——についても、**どのように対処すれば自分が不快な思いをしないですむのか、相手を助けてあげられるのかを判断し、適切に行動できるようになります。**

　社会生活における問題のほとんどは人間関係によるものだといわれますが、**感情リテラシー**はそれらを予防、解決する大きな力になるのです。

　ところが義務教育の課程において、感情を学ぶ機会が極端に少ないのはご存じのとおりです。

　文学に触れて、感情に関する言葉や性質、そして人間の心の機微を学んでいる人は感情のリテラシーが身につき、自然と感情をマネジメントする力も育まれているでしょう。

　でも、残念ながらそのような方はごく少数です。

　私は「経営」と「IT」と**「EQ（Emotional Intelligence Quotient：感情知能指数を伸ばす知識とトレーニングの体系）」**の専門家として、おもに企業をクライアントとしてコンサルティングをおこなっていますが、さまざまな会社の従業員の皆さんをカウンセリングしていると、感情のリテラシーが低く、その影響で仕事やプライベートがうまくいかない方があまりにも多いのです。

　本書は、すべての方々が感情マネジメントのスキルを身につけられるよう、基本となる感情のリテラシーを提供するものです。
「自分はどうしてもイライラして怒りっぽい」「心配性で、つねに不安を抱えている」「いつも尻込みして新しいことに挑戦できない」など自分に悩んでいる方、または周囲にそんな方がいて困り果てたり、救いたいと

思っている方には、とくに役立つ知識になると思います。

　この機会に感情への理解を深め、また本書を何度も読み返して、知識を自分のものにしていただきたいと思います。自分の心を観察し、深く理解し、理性的にコントロールして、感情を自身の最大の武器にしていきましょう。

CONTENTS

まえがき

「心の機微」を理解し、感情をコントロールできる人になろう ……… 2

序 章 自分の感情が見える
「The Mood Meter」と「プルチックの感情の輪」

- 心の現状をセルフチェックする感情ネガポジ・マップ The Mood Meter 8
- プルチックの感情の輪 ……………………………………………… 15

第1章 実は奥深い！　身近な「1次感情」を知り尽くす

- 苛立ち→怒り（Anger）→激怒 ………………………………… 24
- 倦怠→嫌悪（Disgust）→憎悪 ………………………………… 30
- 感傷的→悲しみ（Sadness）→悲嘆 ………………………… 36
- 動揺→驚き（Surprise）→驚嘆 ……………………………… 43
- 不安→恐れ（Fear）→恐怖 …………………………………… 48
- 容認→信頼（Trust）→敬愛 …………………………………… 55
- 平穏→喜び（Joy）→恍惚 ……………………………………… 60
- 関心→予期（Anticipation）→警戒 ………………………… 64

第2章 複合された「2次感情」を自在にコントロールする

- 楽観（予期＋喜び） …………………………………………… 70
- 攻撃性（予期＋怒り） ………………………………………… 73
- 軽蔑（嫌悪＋怒り） …………………………………………… 76
- 後悔（悲しみ＋嫌悪） ………………………………………… 79
- 失望（驚き＋悲しみ） ………………………………………… 82
- 畏怖（驚き＋恐れ） …………………………………………… 85
- 服従（恐れ＋信頼） …………………………………………… 87
- 愛（信頼＋喜び） ……………………………………………… 90

第3章 認めたくないから気づけない！複雑にこじれた「複合感情」

- 憧れ（予期＋喜び＋信頼＋驚きなど）.. 94
- 嫉妬（不安＋恐れ＋怒りなど）.. 97
- 恥ずかしさ（嫌悪＋驚き＋恐れなど）...................................... 100
- 屈辱感（嫌悪＋恐れ＋怒りなど）.. 103
- 自尊心（怒り＋喜び＋信頼など）.. 106
- 劣等感（悲しみ＋恐れ＋嫌悪＋怒りなど）................................ 109
- 罪悪感（喜び＋恐れ＋悲しみ＋嫌悪など）................................ 112
- 不満（悲しみ＋嫌悪＋驚き＋予期など）.................................... 115
- 孤独感（悲しみ＋嫌悪＋恐れなど）.. 118
- 承認欲求（喜び＋恐れ＋予期など）.. 121
- 優越感（怒り＋信頼＋喜びなど）.. 125
- 孤独欲（喜び＋恐れ＋嫌悪など）.. 128
- 自己犠牲心（恐れ＋嫌悪＋悲しみ＋予期など）........................ 131

第4章 快適な感情を自分でつくる「心のドライビング・テクニック」

- 不快な出来事を自分から切り離す「当事者意識解消ワーク」...... 136
- 「他責」でなく「自責」でとらえる「自己効力感」回復ワーク...... 138
- 感情別エマージェンシー「ToDo リスト」................................ 141

あとがき　あなたの人生が「喜び」で満たされるために 154
「感情」逆引き索引 156

編集協力	伴梨香
ブックデザイン	山之口正和＋齋藤友貴（OKIKATA）
図版作成	富永三紗子
DTP	フォレスト出版編集部

序章

自分の感情が見える「The Mood Meter」と「プルチックの感情の輪」

心の現状をセルフチェックする感情ネガポジ・マップ
The Mood Meter

強い		1	2	3	4	5
	A	Enraged (激怒している) 激怒	Panicked (恐怖している) 恐怖	Stressed (ストレスである) 不安、恐れ	Jittery (神経質である) 不安、恐れ	Shocked (衝撃を受けている) 驚き、驚愕
	B	Livid (青ざめている) 怒り、激怒	Furious (攻撃性がある) 攻撃性	Frustrated (挫折している) 苛立ち、怒り	Tense (警戒している) 警戒	Stunned (畏怖の念を抱いている) 畏怖
	C	Fuming (煮えくり返っている) 怒り、苛立ち	Frightened (恐れている) 恐れ	Angry (怒っている) 怒り	Nervous (緊張している) 不安、恐れ	Restless (動揺している) 動揺
	D	Anxious (持続的に不安である) 不安	Apprehensive (危惧している) 不安、恐れ	Worried (心配している) 不安、恐れ	Irritated (苛立っている) 苛立ち、怒り	Annoyed (イライラしている) 苛立ち
	E	Repulsed (嫌悪感を抱いている) 嫌悪	Troubled (悩んでいる) 不安、悲しみ	Concerned (懸念している) 不安、予期	Uneasy (ソワソワしている) 不安、恐れ	Peeved (軽蔑している) 軽蔑
	F	Disgusted (憎悪を抱いている) 憎悪	Glum (感傷的である) 感傷的	Disappointed (失望している) 失望	Down (落ち込んでいる) 悲しみ、感傷的	Apathetic (倦怠感がある) 倦怠
	G	Pessimistic (悲観的である) 不安、悲しみ	Morose (陰鬱である) 悲しみ、悲嘆	Discouraged (後悔している) 後悔	Sad (悲しんでいる) 悲しみ	Bored (退屈である) 倦怠
	H	Alienated (疎外されている) 悲しみ、嫌悪	Miserable (惨めである) 悲しみ、悲嘆	Lonely (孤独でいる) 悲しみ、感傷的	Disheartened (落胆している) 悲しみ、失望	Tired (疲れている) 感傷的、倦怠
	I	Despondent (落胆している) 悲しみ、悲嘆	Depressed (うつ状態である) 悲しみ、悲嘆	Sullen (不機嫌である) 怒り、悲しみ	Exhausted (疲れ果てている) 感傷的、悲しみ	Fatigued (疲労している) 倦怠、感傷的
弱い	J	Despair (悲嘆している) 悲嘆	Hopeless (絶望的である) 悲しみ、悲嘆	Desolate (荒涼としている) 悲しみ、悲嘆	Spent (使い果たしている) 感傷的、悲しみ	Drained (疲れ切っている) 倦怠、感傷的

不快

凡例

- 縦軸は、10段階で心のエネルギーの強さを示しています。上方向にいくほどエネルギーが強く、下方向にいくほど弱い状態です。
- 横軸は、10段階で感情がポジティブ（快）であるかネガティブ（不快）であるかを示しています。右側にいくほどポジティブで、左側にいくほどネガティブな状態です。
- 各マスの1行目はオリジナルの英語表記、2行目のカッコ内はその状態を表した日本語訳、3行目はプルチックの感情の輪に当てはめたときの感情です。3行目の感情から、各感情の解説をお読みください。

Surprised （驚いている） 驚き	**Upbeat** （陽気である） 喜び、楽観	**Festive** （お祭り気分である） 喜び、予期	**Exhilarated** （ウキウキしている） 喜び、驚き	**Ecstatic** （有頂天である） 恍惚
Hyper （過剰に興奮している） 喜び、関心	**Cheerful** （快活である） 喜び、楽観	**Motivated** （やる気がある） 予期、関心	**Inspired** （触発されている） 恍惚、喜び	**Elated** （恍惚としている） 恍惚
Energized （エネルギッシュである） 喜び、関心	**Lively** （活気のある） 喜び、関心	**Enthusiastic** （関心がある） 関心	**Optimistic** （楽観している） 楽観	**Excited** （興奮している） 予期
Pleased （嬉しくある） 喜び、容認	**Happy** （幸せである） 喜び	**Focused** （集中している） 関心、予期	**Proud** （誇りに思っている） 恍惚、喜び	**Thrilled** （驚嘆している） 驚嘆
Pleasant （快適である） 喜び、平穏	**Joyful** （喜んでいる） 喜び	**Hopeful** （予期している） 予期	**Playful** （遊び心がある） 喜び、関心	**Blissful** （至福である） 喜び、平穏
At Ease （気楽である） 平穏、容認	**Easygoing** （のんびりしている） 平穏、容認	**Content** （満足している） 平穏、容認	**Loving** （愛を感じている） 愛	**Fulfilled** （充実している） 喜び、容認
Calm （容認している） 容認	**Secure** （信頼している） 信頼	**Satisfied** （達成している） 容認	**Grateful** （感謝している） 容認、喜び	**Touched** （感動している） 恍惚、喜び
Relaxed （リラックスしている） 平穏、容認	**Chill** （ゆっくりしている） 平穏、容認	**Restful** （安らいでいる） 平穏、容認	**Blessed** （恵まれている） 喜び、平穏	**Balanced** （バランスが取れている） 平穏、容認
Mellow （落ち着いている） 平穏、喜び	**Thoughtful** （敬愛している） 敬愛	**Peaceful** （平和である） 平穏、容認	**Comfy** （心地よくある） 平穏、容認	**Carefree** （のんきである） 喜び、平穏
Sleepy （眠くある） 平穏、動揺	**Complacent** （服従している） 服従	**Tranquil** （冷静でいる） 平穏	**Cozy** （居心地よくある） 平穏、喜び	**Serene** （平穏である） 平穏
6	7	8	9	10

快適

序章　自分の感情が見える「The Mood Meter」と「プルチックの感情の輪」

● 心のパワーとご機嫌レベルを測る「The Mood Meter」

あなたは毎日、自分の感情に意識を向けていますか？
「今日は妻の機嫌が悪い」「なんだか夫の元気がない」「上司がピリピリしている」など、他者の感情には敏感でも、あらためて自分の感情の調子を客観的に意識することはほとんどないと思います。

快適に過ごし、仕事でもプライベートでも最高のパフォーマンスを出すには、感情のマネジメントが欠かせません。そして感情マネジメントの第一歩が、**「自分の感情の正しい把握」**です。

ここでは自分や他者の感情を知る上で役立つツールをご紹介します。

アメリカ、イェール大学の感情知性センターに所属するマーク・ブラケット教授が提唱している**「The Mood Meter（ザ・ムードメーター：気分の測定）」**です（→8〜9ページ）。心のエネルギーの強さ・弱さと、気分のよさ・悪さの2つの軸で構成されたマトリクスで、合計100種類の感情が示されています。

● The Mood Meterを使ったセルフチェック（図1）

1. 今の感情の調子を、「エネルギーは強いか、弱いか」「気分はポジティブか、ネガティブか」で測り、マップの中でおおよそどのあたりに該当するかをみる
2. 該当する範囲にある感情の中から、自分に合うものを見つけ出し記録する
3. 以上の作業を、できれば1日に数回おこなう
4. 記録を振り返り、1日の流れの中で、どのような感情の変化が起きているのかを確かめる
5. チェックを毎日おこない、2〜4週間後に振り返って、自分の傾向を分析し、もっと快適な状態に整えるにはどのようにしたらよいかプラン

図1 サンプル・ケース（34歳 男性 会社員）

① 起床後　② 通勤時　③ 午前の就業時　④ 午後の就業時　⑤ 帰宅後

	1	2	3	4	5	6	7	8	9	10
A	Enraged 激怒している	Panicked 恐怖している	Stressed ストレスである	Jittery 神経質である	Shocked 衝撃を受けている	Surprised 驚いている	Upbeat 陽気である	Festive お祭り気分である	Exhilarated ウキウキしている	Ecstatic 有頂天である
B	Livid 青ざめている	Furious 攻撃性がある	Frustrated 挫折している	Tense 警戒している	Stunned 畏怖の念を抱いている	Hyper 過剰に興奮している	Cheerful 快活である	Motivated やる気がある	Inspired 触発されている	Elated 恍惚としている
C	Fuming 煮えくり返っている	Frightened 恐れている	Angry 怒っている	Nervous 緊張している	Restless 動揺している	Energized エネルギッシュである	Lively 活気のある	Enthusiastic 関心がある	Optimistic 楽観している	Excited 興奮している
D	Anxious 持続的に不安である	Apprehensive 危惧している	Worried 心配している	Irritated 苛立っている	Annoyed ④	Pleased 嬉しくある	Happy 幸せである	Focused 集中している	Proud 誇りに思っている	Thrilled 驚嘆している
E	Repulsed 嫌悪感を抱いている	Troubled 悩んでいる	Concerned 懸念している	Jittery ② ソワソワ	Peeved 軽蔑している	Pleasant 快適である	Joyful 喜こんでいる	Hopeful 予期している	Playful 遊び心がある	Blissful 至福である
F	Disgusted 憎悪を抱いている	Glum 感傷的である	Disappointed 失望している	Down 落ち込んでいる	Apathetic 倦怠感がある	At Ease 気楽である	Easygoing ③ のんびり	Content 満足している	Loving 愛を感じている	Fulfilled 充実している
G	Pessimistic 悲観的である	Morose 陰鬱である	Discouraged 後悔している	Sad 悲しんでいる	Bored ① 退屈	Calm 容認している	Secure 信頼している	Satisfied 達成している	Grateful 感謝している	Touched 感動している
H	Alienated 疎外されている	Miserable 惨めである	Lonely 孤独でいる	Disheartened 落胆している	Tired 疲れている	Relaxed リラックスしている	Chill ゆっくりしている	Restful ⑤ 安らいでいる	Blessed 恵まれている	Balanced バランスが取れている
I	Despondent 落胆している	Depressed うつ状態である	Sullen 不機嫌である	Exhausted 疲れ果てている	Fatigued 疲労している	Mellow 落ち着いている	Thoughtful 敬愛している	Peaceful 平和である	Comfy 心地良くある	Carefree のんきである
J	Despair 悲嘆している	Hopeless 絶望的である	Desolate 荒涼としている	Spent 使い果たしている	Drained 疲れ切っている	Sleepy 眠くある	Complacent 服従している	Tranquil 冷静でいる	Cozy 居心地良くある	Serene 平穏である

序章　自分の感情が見える「The Mood Meter」と「プルチックの感情の輪」

① 起床後 「退屈である」

起床後は朝食をすませる頃までぼんやりしていてエネルギーは低め、やや気分が落ちた状態。いつものことなのでとくに問題と思ったことはなかったが、もっと爽快で明るい気分になれる方法があるなら実行してみたい。

② 通勤時 「ソワソワしている」

この後に控えた仕事のことを次から次へと考え、不安ではないが落ち着かない気分。混雑した電車での通勤も、慣れていることではあるが、ちょっとした不快な出来事も多くストレスになっている。この落ち着かない気分は、仕事に向かう緊張状態でもあるため、悪いものではないと感じている。

③ 午前の就業時 「のんびりしている」

職場の人間関係に恵まれているので、同僚の顔を見ると気分が和み、仕事に向かう気持ちも整う。ありがたい環境だと思う。集中力があって、チーム作業も活気を持っておこなうことができた。

④ 午後の就業時 「イライラしている」

部下が思うように動いてくれずイライラした。よく考えればイライラする必要はなく、淡々と処理をすればよかったと思う。あるいは事前にもっと細かく指導する必要があったかもしれないと反省の思いもある。つまらないことでイライラしたのは、ちょうど慌ただしいタイミングだったことが影響した可能性もある。

⑤ 帰宅後 「安らいでいる」

帰宅を待ってくれていた保育園児の子どもと一緒に入浴してリラックスできた。会話をしながら子どもは可愛いものだと実感し、満ち足りた気持ちになった。今後のキャリアの問題や妻の仕事、家の住み替えなど心配事がないわけではないが、基本的に幸せだと感じられている。

を考え実行する

1日の結果をもとにした考察

　以下の3つを自問しながら、自分の感情とその背景、改善策を考えます。

Q **そのとき自分はどのような感情だったか？**

（追体験するように、ありありと思い浮かべる）

Q **それは何が原因か？**

（感情が湧き起こったきっかけの出来事について、外部要因・内部要因を探る。内部要因としては自分の言動や物事の受け取り方の癖が原因でないかを考える）

Q **「嫌な感情を起こさない」、あるいは「さらに快適な感情にする」ために、自分は何ができるのか？**

2〜4週間後の結果をもとにした考察

　以下の4つを自問しながら、自分の感情とそれが生じた背景、改善策を考えます。

Q **自分にはどのような感情の傾向があるか？**

Q **感情の状態がよいとき／悪いときにみられる、決まった思考・行動のパターンは何か？**

Q **そのパターンは、自分のどのような性質・考え方・行動の癖によるものか？**

Q **さらに快適な感情にするため、何ができるのか？**

　あらためて自分の感情と向き合い、その感情を生み出した原因を何段階も深く掘り下げ洞察していくと、自分では意識していなかった感情・思考・行動の癖を発見するなど、いくつもの気づきがもたらされます。そして見いだされた問題点をもとに、感情マネジメントを進めていきます。

● 子ども・部下のマネジメントへの活用

　ムードメーターは他者のメンタル・マネジメントの有用なツールとしても、しばしば使用されています。

　1つの対象は**子ども**です。幼稚園や保育園、学校などにムードメーターが掲げられ、習慣のように「今日は元気な気持ち？ それとも元気がない？ どのくらい？」「気分はいい感じ？ それとも嫌な感じ？ どのくらい？」と尋ねながら、本人にマークさせます。それをもとに、「それはどうして？」と対話やカウンセリングをおこない、子どもの心の状態と、背景にある学校生活や家庭生活について問題はないか確認しています。

　また**企業内**で活用するケースもみられます。リーダーが部下と1対1でおこなう1on1ミーティングの際にムードメーターを使い、部下の回答をもとに精神面のコンディションと、抱えている問題を尋ね、一緒に解決策を考えていくものです。

　ムードメーターを使用すると、以下の2つがその場で実現します。

1 **自分自身の感情を測り、それを視覚的に認識する**
2 **自分の感情をラベリングして明確に把握する**

　これが本人にフィードバックされるだけでも一定のよい作用がおよびます。その後に分析と改善策の検討、実行と進めていきます。

「精神面の分析」や「感情マネジメント」および「メンタルケア」の指導については専門家の手を借りなければなりませんが、部下の心を知り、寄り添いながら課題を見つけ、改善策をともに考えていくことが目的の面談であれば、**専門的な技術をそなえていなくても活用することが可能**です。

序章　自分の感情が見える「The Mood Meter」と「プルチックの感情の輪」

企業内でのもう1つの使い方として、毎朝のミーティングなどの際、各メンバーに自分のそのときのムードメーターの結果と理由を短く発表してもらうという方法があります。「ペットの体調が悪くて心配」「通勤時に喧嘩を目撃して少し嫌な気分」「今日、締め切りの作業が間に合うか焦っている」など、ちょっとした感情の調子を知っておくことで、共感や思いやりをもとにした協力行動が自然と生まれ、チーム内に好意的なムードが醸成されていきます。

プルチックの感情の輪

自分の感情が見える「The Mood Meter」と「プルチックの感情の輪」

● 感情を解剖する感情モデル「プルチックの感情の輪」

　1980年、アメリカの心理学者ロバート・プルチックは、人間のさまざまな感情の関係性を構造化した**「プルチックの感情の輪」**（→15ページ）というモデルを発表しました。見てのとおり、8枚の花びらを持つ、一輪の花のようなモデルです（本来は3次元モデルですが、ここでは2次元に展開してご紹介しています）。この図の意味を把握すると、自分の心の中に渦巻く複雑な感情を、詳細に理解する助けになります。

　また**「自分の感情が悪化するとどうなるのか」、あるいは「今の感情がほかのどのような感情に移行する可能性があるのか」などがひと目でわかる**ので、感情マネジメントをおこなう上で大いに役立ちます。早速、このモデルの見方をご案内していきましょう。

1　人間には8つの基本感情がある

　プルチックは、**人間をはじめとする高等な動物には8つの純粋な感情があり、それらが混ざり合うことで、そのほかの感情が生まれる**としています。

　この基本になる8つの感情は**「1次感情」**と呼ばれています。モデル図では、それぞれの花びらの中ほどに位置しています。

- 怒り　　大切なものが脅かされたときの興奮した気持ち
- 嫌悪　　人や物事を嫌いに思う不快な気持ち
- 悲しみ　大切なものを失ったときの打ち沈んだ気持ち
- 驚き　　予想外のことと遭遇したときの衝撃的な気持ち

恐れ	望まないことが起きると考えたときの落ち着かない気持ち
信頼	人や物事を高く評価し、任せられると思う気持ち
喜び	欲求が満たされたときに生じる快い気持ち
予期	未来に意識を集中させた気持ち

2 感情には強弱がある

感情には強弱があり、強さが違うものは、それぞれ異なった感情として別の名前をつけられています。

プルチックのモデルでは、1つの花びらが色の濃淡によって3層に分かれていますが、それぞれ3つの同質の感情が収められています。そして花の中央（色が濃いほう）に向かって、その感情が強くなっています。

《苛立ち》が強くなると《怒り》になり、さらに強くなると《激怒》に発展する、ということを表しています。

弱		基本感情		強
苛立ち	<	怒り	<	激怒
倦怠	<	嫌悪	<	憎悪
感傷的	<	悲しみ	<	悲嘆
動揺	<	驚き	<	驚嘆
不安	<	恐れ	<	恐怖
容認	<	信頼	<	敬愛
平穏	<	喜び	<	恍惚
関心	<	予期	<	警戒

3 正反対の位置にある感情は、「反対の感情」

このモデルでは、花びらの位置にも意味があります。**それぞれの花びらの正反対の位置にある感情は、「反対の感情」にあたります。**《怒り》の反対には《恐れ》があり、《信頼》の反対には《嫌悪》が置かれています。

この**対面にある2つの感情は、後述する複合感情《嫉妬》など例外はありますが、基本的には同時に心の中に存在することはできません。**怒っているときには恐れることができず、嫌悪している人を信頼することはできません。また、反対の感情には移行しにくいことも明らかにされています。

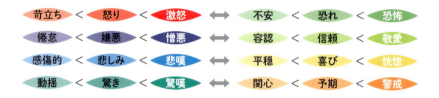

4 隣り合った感情は混ざり合いやすく、複合感情をつくる

隣り合っている2つの感情は、親和性が高いことを示しています。近い感情なので移行しやすく、また2つの感情が心の中で同時に起こって混ざり合い、**複合感情**を形成することもあります。

《怒り》と《嫌悪》が混ざり合った感情が《軽蔑》であり、《喜び》と《信頼》が混ざり合った感情が《愛》です。これら基本的な複合感情は「2次感情」と呼ばれています。

喜び + 信頼 = 愛	深く慈しみ、愛おしく思う気持ち
信頼 + 恐れ = 服従	信頼する人のすべてを受け入れ従う気持ち
恐れ + 驚き = 畏怖	偉大な存在を敬い恐れる気持ち
驚き + 悲しみ = 失望	期待が裏切られ衝撃を受けたつらい気持ち
悲しみ + 嫌悪 = 後悔	過去を悔やんで打ち沈んだ気持ち
嫌悪 + 怒り = 軽蔑	相手を見下げ、嫌っている気持ち
怒り + 予期 = 攻撃性	大切なもののため闘おうという猛烈な気持ち
予期 + 喜び = 楽観	喜ばしい未来を期待する気持ち

　このように**隣り合った感情が混ざり合う2次感情のほか、「1つおき」「2つおき」の位置にある感情同士が混ざり合ったものなど、複合感情は数限りなく存在します。**

　私たちの心に生成される感情は、それだけ繊細で複雑精妙なものなのです。ときには心に抱いたモヤモヤとした感情の正体がつかめず、つらい思いや不快な感覚が長引いたり、自分らしくない行動をとってしまうなど、好ましくない影響を受けることもあるでしょう。

　そんなときでも、8つの基本感情を中心とした「プルチックの輪」の知識があれば、自分自身で感情を正しく把握し、適切にマネジメントして快適な日常を取り戻すことができます。

1つおきの複合感情

悲しみ + 怒り = 悲憤	憤りの中に悲しみを含んだ気持ち
怒り + 喜び = 自尊心	自信を持ち外部からの干渉をはねつける気持ち
喜び + 恐れ = 罪悪感	悪いことをして喜びを得たことを悔やむ気持ち
恐れ + 悲しみ = 絶望	希望をすべて失ってしまったつらい気持ち
信頼 + 驚き = 好奇心	未知のことに興味を持つ気持ち
驚き + 嫌悪 = 憤慨	予想外のことにひどく腹を立てる気持ち
嫌悪 + 予期 = 皮肉	嫌な対象を遠回しに非難したい気持ち

序章

自分の感情が見える「The Mood Meter」と「プルチックの感情の輪」

予期	+	信頼	=	運命	合理的な理屈を超えた定めに感じる気持ち

2つおきの複合感情

喜び	+	驚き	=	感動	深く感銘を受けて快い衝撃を受けた気持ち
驚き	+	怒り	=	憤怒	驚きによって怒りが増幅した気持ち
怒り	+	信頼	=	優越感	他者に対して自信を持ち高ぶった気持ち
信頼	+	悲しみ	=	憐れみ	物事に感じ入って心が痛んでいる気持ち
悲しみ	+	予期	=	悲観	好ましくない未来を思う沈んだ気持ち
予期	+	恐れ	=	憂い	好ましくない未来を心配する落ち着かない気持ち
恐れ	+	嫌悪	=	恥辱	誇りなど大切なものが傷つけられ恥じる気持ち
嫌悪	+	喜び	=	悪意	悪いことをしてやろうというゆがんだ欲求

● 感情をうまく操縦するために知っておきたい「感情の特性」

「プルチックの感情の輪」を活用するにあたって、感情の特性など大事なポイントを押さえておきましょう。感情を操縦する際の基本的なルールです。

1 感情は強弱レベルが弱いほうが変化させやすい

心に湧いた感情が、ときに段階を踏んで強度を増していくことはすでにお伝えしましたが、**弱い段階のほうが、圧倒的に変化しやすい性質があります。そのため、コントロールするなら早めが肝心です。**

たとえば《恐れ》という感情は、弱いほうから《不安》→《恐れ》→《恐怖》と強くなっていきます。《不安》の段階ならさまざまな方法で《安心》させることも可能ですが、《恐怖》にまで強くなってしまうとコントロールが困難です。《不安》を感じたら、それが《恐れ》や《恐怖》にならないよう行動するなど、感情が悪化する前の段階で対処するよう心がけましょう。

2 感情の発生後、理性が発動するまで最短でも6秒かかる

たとえば《怒り》が脳内の「大脳辺縁系」で生じると、それを抑えようとして理性をつかさどる脳の「前頭前野」が動き出します。

しかし感情の発生から理性の発動までには、最短で6秒かかることがわかっています。つまり、この6秒間は理性による適切なコントロールがきかず、感情がそのまま表現されてしまいます。不愉快な出来事に遭い頭にカッときて、そのまま怒鳴り声を上げてしまう、というようなことが起こるのです。

これを防ぐには、「怒りが湧いても、とにかく6秒間は反応しない」など、激しい感情が起きてもすぐには反応しないと決めておくとよいでしょう。この6秒間を無事に過ごせば、理性をきかせた適切な態度をとることが可能です。

3 移行しにくい「正反対の感情」に変化させようとしない

私たちは普段、自分の感情の面倒さえみればいいというわけではありません。周囲には感情に苦しめられている人々がいます。

そんなとき「少しでも助けになりたい」と思い、声をかけて相談にのってあげる場面もあると思います。その際には**「正反対の感情に誘導しない」ことが重要**です。

一例を挙げると、深い悲しみである《悲嘆》の状態にある人をサポートしようとして「楽しいこと、喜んでくれることをしてあげよう」と行動するのは誤りです。《喜び》は《悲しみ》《悲嘆》の正反対の感情なので移行しにくく、楽しませようとしても困難です。助けになれないどころか、相手の方が「この人は私をわかってくれない」と孤独を感じたり、楽しめない自分を嘆いたり、余計に気分を悪化させてしまうかもしれません。充分に気をつけたいポイントです。

感情をマネジメントするには、まず自分の心に湧いた感情を、「正確に」

序章 自分の感情が見える「The Mood Meter」と「プルチックの感情の輪」

把握することが必要です。

「モヤモヤとしたつかみどころのない不快感」のままでは、それに対処することができません。また、人は自分の心に《屈辱感》《嫉妬》などの感情が芽生えたとき、それを自分でも認めたくないので、ほかの感情（たとえば《怒り》《非難》《正義》など）にすり替えて「自分は怒っている」「あの人は正しくない」などと、ゆがんだ理解をしてしまうことがあります。

　別の例では、あまりにも激しい《悲嘆》が生じると、心の防衛本能が働いて《呆然》《無感動》になったり、心の中に抑圧した悲しみを《怒り》《激怒》の形で吐き出すこともあります。自分の感情を正しく把握するのは、実は簡単なことではないのです。

「プルチックの感情の輪」は、複雑であったり、隠されていたり、ゆがんだ理解をしていた自分の感情を、正確に把握するために役立ちます。そして、その感情をよい方向に導いていく上で、上記のルールが基本的な指針になります。

　次章以降で感情それぞれの特徴や性質を理解し、あなたの快適な毎日をつくるための行動に活かしてください。

第 **1** 章

実は奥深い！
身近な「1次感情」
を知り尽くす

> 1次感情

怒り（Anger）

「大切なものを守れ！」という緊急サイン《怒り》は、人間関係や人生を破壊することもあるパワフルな感情

「怒り」とは

自分にとって大切なものが脅かされた（奪われた／傷つけられた）ときに生じるアラート的な感情。本人に危機を自覚させ、「大切なものを守るための行動」に向かわせる重要な機能がある。

● MODALITY 「怒り」の様相

苛立ち	怒り	激怒
イライラする／ピリピリする／ムカムカする／ムッとする／むくれる／不機嫌／不満に思う／気に入らない／面白くない／不愉快／気に障る／癪（しゃく）に障る／カチンとくる	腹を立てる／ムカつく／キレる／息まく／慎る／慎慨する／逆鱗に触れる／カッとする／頭にくる／頭に血が上る／プンプンする／腹に据えかねる／堪忍袋の緒が切れる	激怒する／激昂する／ブチギレる／マジ切れする／憤怒する／怒りが爆発する／カンカンになる／怒りに震える／逆上する／青筋を立てる／はらわたが煮えくり返る

● OVERVIEW 「怒り」の要点

- 怒りは価値ある感情であると同時に破壊的。意識的なマネジメントが必須
- 怒りを「攻撃行動」に移せば社会生活を壊し、「ガマン・抑圧」しすぎると自分の心を壊す
- 実は怒りは複雑な感情。操縦するには自分の怒りを正しく把握することが欠かせない
- 有能な人や人格者は自分の怒りを正しく認識し、上手に表現・転化・解消している

CHARACTERISTICS 「怒り」の特徴

● 怒りは「有益感情」だから、場合によっては表現しよう

　怒りはさまざまな感情の中でもっともパワフルなものの1つです。そのため、怒りをそのまま言動にあらわしてしまうと、人間関係が悪化したり、自分の評価を落としたり、それが尾を引いて社会生活を破壊してしまうことにもつながりかねません。

　したがって、ほとんどの人は「怒っても顔には出さない」「とにかくガマンする」など、怒りの感情を抑圧しています（図2）。そして、決して怒

図2 少し注意が必要な<怒ったときの反応パターン>

押し黙る、理由を尋ねられても語らない
黙ってしまう原因は「うまく説明できないから」「どうして怒っているか説明することも腹立たしい」「説明するのが恥ずかしい、悔しい」などさまざま。言語化しないと、自分の心の整理がつかない、事態が解決につながりにくい、心に怒りがたまる、などのデメリットがある

動作や言葉が荒くなる（態度・動作で表現する）
誰かに直接、怒りの矛先を向けることを避けてはいるものの、「自分は怒っている」と表現している状態。コミュニケーションとして未熟な方法で、周囲の人にとっては不愉快であると同時に、自分にとっても得策ではない

理路整然と相手を非難し追い詰める
怒っていることとその理由を相手に伝えたほうがよい場面も多々あるが、追い詰めるのは攻撃的行動なので控えるようにする。心の根底に「思い知らせてやる」「打ちのめしてやる」という復讐意識や支配欲求が存在しているケース

お酒、ジム、カラオケ、趣味などで発散する
気分を変えることができるので一時的な対処としてはよいが、問題そのものには対処がおこなわれていないので、怒りが解消されずぶり返すこともある

親しい人に話を聞いてもらう
「自分の気持ちや考えが整理される」「気持ちに共感してもらえ安心・満足する」「客観的な視点のアドバイスが得られる」などが実現されれば有益だが、聞き役のスタンスによっては怒りをたきつけられてしまうこともあるので注意が必要

図3 侵害されると怒りにつながる<大切なもの>

誇り	立場・評価	物・お金	夢・理想	正義
・家族のことをバカにされた！ ・人前で学歴マウントを取られた！ ・夫が「稼いでるのは俺だ」と主張してくる！	・仕事でダメ出しされた！ ・兼業主婦から「専業主婦は楽でいいわね」と言われた！	・つきあいで無駄な出費をさせられた！ ・貸した本をなくされた！ ・子どもがふざけていて高いお皿を割った！	・留学する機会をつぶされた！ ・好きな人が愛情に応えてくれずフラれてしまった！	・教授が特定の学生をひいきして理不尽！ ・上司から顧客に嘘をつくよう指示された！

時間・労力	平和・快適さ	人間関係	仕事	成果
・待ちぼうけで時間を無駄にされた！ ・上司の指示ミスで無駄な仕事をさせられた！ ・夫の夕食を用意したのに連絡なしで「食べてきた」！	・上の階の住人の足音がいつもうるさい！ ・電車内で横にいる人の距離が妙に近い！	・よくない噂を流されて仲間の態度がよそよそしくなった！ ・恋人とのつきあいを家族が反対する！	・自分に与えられるべき仕事なのに後輩に奪われた！ ・うまくいかない見通しの仕事を押しつけられた！	・仕事の成果を上司が自分の手柄にした！ ・部下のせいでプロジェクトが混乱し成果が上がらない！

自分は何を侵害されたときに怒りを感じやすいのか傾向を把握しておこう！

らない人を「人間ができた人」と考えます。

　しかし**人間的に成長すると、つまらないことで怒らなくなるのは事実ですが、決して怒らないわけではなく、むしろ怒るべき場面で適切に怒りを表現する能力が高まります。**怒りは価値ある感情です。人間が文明的な暮らしを始める以前から備わっていた、自分の命や大切なものを守るための重要な心の機能です（図3）。**正義、正当性、防御のために「適切に行使する」ことを意識しましょう。**つまり、場合によっては「怒ってもいい」「怒りを表現するべき」なのです。

●《怒り》は複合感情になりやすく、実体把握がむずかしい

「ムカついた」「キレた」のひと言で片づけられてしまいやすい怒りですが、**純粋な《怒り》以外に、ほかの感情が微妙に混ざり合っているケースが多くみられます。**

たとえば恋人や伴侶に浮気された場合、激しい怒りに燃えていても、その感情の中には《驚愕》《嫌悪》《悲しみ》《悔しさ》《恐怖》などが含まれているでしょう。

　そしてパートナーの浮気相手に対しては、《嫉妬》《憎悪》《侮蔑》などが強く生じます。さまざまな感情がないまぜになった苦しい状態を癒すには、自分自身の心を見つめ、こういった混在している感情に気づくことが大切です。

●「心配だから」「恐怖を感じて」… 多層性がある《怒り》

　《怒り》ともっとも密接な関係がある感情の1つが《恐れ》です。《恐れ》が生じたとき、副産物として《怒り》が湧き上がってくることがあります。

　たとえば幼い子どもが危ないことをしたとき、親はしばしば《怒り》を感じます。これは《恐れ》が引き起こした《怒り》です。また《恐れ》は1次感情の1つで強くなるにつれ《不安》→《恐れ》→《恐怖》と変化しますが、《不安》は《イライラ》を引き起こし、《恐れ》は《怒り》を、そして《恐怖》は《激怒》をもたらします。

　そして、これら《不安》《恐れ》《恐怖》の根底には、相手への《愛情》《愛着》《関心》があります。「愛しているから心配になり、心配だから怒る」のです。

　このような場面では、相手をただ感情的に怒るのではなく、《恐れ》《愛情》を伝えるコミュニケーションを心がけるとよいでしょう。

● 本心を隠す「固定観念」や「心の防御反応」のメカニズム

　自分では《怒り》だと思っていても、実は《怒り》ではないというケースはしばしばみられます。

図4 無意識の防御・逃避反応が認めたくない感情を《怒り》にすり替える

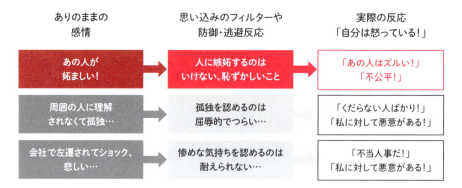

　もっとも多いのは、**自分がその感情を認めるのがつらいため、より受け入れやすい《怒り》にすりかえて認識・表現してしまうパターン**です（図4）。

　たとえば会社で同僚が異例の出世をしたとき、「不当だ！」「理不尽だ！」と考え、自分は《正義感からくる怒り》を感じていると思い込むケースがあります。

　しかし実際には強い《嫉妬》《屈辱感》や、《失望》《落胆》《喪失感》が苦しさの要因であることが考えられます。

　この「無意識の防御・逃避反応」のほか、「思い込み」「固定観念」など思考の癖によって、別の感情が《怒り》にすりかえられることもあります。

　「こういう場合は○○するべき」「○○なんてあり得ない」「○○に決まっている」などの固定観念は自覚することが難しいのですが、怒りの種となって無駄に心を乱すことにもつながるので、自分の傾向を把握しておくとよいでしょう。

●《急性の怒り》をこじらせると《鬱憤》《恨み》に進行する

　怒りが悪化すると、より苦しく対処が難しい状態に陥ることがあります。

　たとえば《鬱憤》《恨み》です。これは心の内部に抑え込んだ《怒り》《激怒》が、時間を経て変質した感情です。**「許せない」「自分ではどうすることもできない」「不公正だ」という３つの思いが継続することが、発生を促す条件**であるといわれています。

　ただし、この「不公正だ」という思いはいたって主観的なもので、本人なりの「こうあるべきだ」という正義を根拠にしています。そのため、ときに「筋違いの恨み」が起こってしまうのです。

　たとえば片思いの恋愛において「自分はこんなに愛情を伝えて献身しているのだから、相手も愛情で応えてくれるべきだ」と考え、それがかなわないと恨んでストーカー行為に及んでしまうケースがありますが、それもゆがんだ正義による《恨み》の一例です。

　《鬱憤》《恨み》は実に複雑、かつ苦しい感情です。相手への《怒り》《激怒》《憎悪》、自分に対する《無力感》《怒り》、さらに《悲しみ》《不満》などが混在しています。対象への《攻撃心》《処罰感情》が高まり、問題行動にもつながりやすい危険な状態です。

　これを防ぐには、急性期の《怒り》の段階で、相手に対し適切な方法で《怒り》を表現する、できる限りの防衛行動をとる、周囲の協力を得て環境改善につとめるなどの行動が有効です。

　また《鬱憤》《恨み》に限らず《怒り》には、他者に向けられる**「外向的怒り」**と、自分自身に向けられる**「内向的怒り」**が存在します。「内向的怒り」が悪化した場合には、《自責の念》《自己否定》《自信の喪失》が生じ、それが《意欲の損失》《抑うつ》《自暴自棄》《自罰感情》などに進行してしまう危険があるので、その点も注意が必要です。

> 1次感情

嫌悪 (Disgust)

誰もが無意識に振り回されてしまう《嫌悪》。「嫌わないスキル」を高め、ご機嫌な関係を築いていこう

「嫌悪」とは

特定の状況や人、物に対して起こる「嫌だ」「嫌いだ」という不快な感情。自分を守り、不快な体験を避けるために起きる自然な自己防衛反応の1つ。

■ MODALITY 「嫌悪」の様相

倦怠	嫌悪	憎悪
うんざりする／嫌気がさす／気に入らない／反りが合わない／厭(いと)わしい／うっとうしい／疎(うと)ましい／うざったい／苦手に思う／癪に障る／気に障る／けむたい	嫌い／嫌に思う／不愉快に感じる／愛想をつかす／毛嫌いする／忌み嫌う／顔も見たくない／関わりたくない／辟易(へきえき)する／拒否反応が起きる／受け付けない	憎い／憎らしい／憎々しい／大嫌い／存在が許せない／目の敵にする／敵視する／敵愾心を抱く／吐き気がする／復讐を誓う／憤懣やるかたない／傷つけてやりたい

■ OVERVIEW 「嫌悪」の要点

- 《嫌悪》は多くの人が「理性でコントロールできている」と誤解している
- 《嫌悪》が根底にあると相手の言動を素直に受け取れず、印象や関係に悪循環が起きる
- 《嫌い》の原因を「相手」ではなく「自分」の側に見いだすと、改善が容易になる
- 「世の中にはいろいろな人がいる」と個性・価値観の多様性を認め、違いを楽しむ心を持とう

CHARACTERISTICS 「嫌悪」の特徴

●「物事の受け止め方」は"好き嫌い"に左右されている

　私たちは物事を評価するとき、無意識に自分の「好き嫌い」の感情に影響を受けています。

　嫌いな家事を「これは重要じゃないから」と理由をつけてサボったり、嫌いな上司からの指示を「納得いかない」と軽視したり、**自分では理性的に判断しているつもりでも、実は《嫌悪》という感情が影響していることが多々あります。**

　たとえ同じ行為を受けても、好きな人からされる場合と、嫌いな人からされる場合とでは、感じ方が大きく異なるのもその一例です。図5のように、好意を感じている人に手助けをしてもらったとき（援助的行動を受けたとき）には「嬉しい」「好き」「ありがたい」と感じる一方、嫌いな人から助けられたときには「疎ましい」と感じたり、「腹が立つ」「屈辱的」と受け止めることすらあります。

図5 **相手を好きか嫌いかで、受けた行動の感じ方は大きく異なる**

相手から受けた行動	相手に好意を持っている場合	相手に嫌悪を感じている場合
親和的	嬉しい／好意	疎ましい／気持ち悪い
援助的	嬉しい／好意／感謝	疎ましい／腹立たしい／屈辱感
依存的	嬉しい／好意／愛おしい	疎ましい／気持ち悪い
服従的	嬉しい／好意／愛おしい／安心	疎ましい／軽蔑／満足
回避的	悲しい／淋しい／困惑	気楽／癪に障る／怒り
拒否的	悲しい／悲嘆／淋しい	癪に障る／怒り／憎しみ
支配的	敬意／服従／困惑	怒り／憎しみ／反発心
攻撃的	困惑／悲嘆	怒り／憎しみ／反発心

意識してマネジメントしなければ、この「好き嫌い」が人間関係の土台になってしまいます。

● 人は無意識に《嫌悪》の対象に厳しくあたっている

　私たちの心に潜む《嫌悪》は、日常のさまざまな場面で問題を引き起こします。

　たとえば離婚した元夫への《嫌悪》の気持ちが、元夫に似ている幼い次男に投影され、「どうしても次男を疎ましく感じて些細なことで叱ってしまい、母親として自信を失っている」というケースがあります。

　また職場において上司が部下を評価するとき、《倦怠》《嫌悪》を感じている相手には、どうしても厳しい評価になります。そして自分ではそのことに気づけない場合も多いのです。

　というのも精神が健全な人は「職場での評価は公正でなくてはいけない」と考えるので、「自分は彼を嫌いだから厳しく評価している」という事実を受け入れられません。

　そこで自分に対して「これは正当な評価だ」という言い訳が必要になり、無意識に「彼はスキルが不充分だ」「挑戦的な姿勢が欠けている」など、**もっともらしい理由を後づけして納得する**のです。

　普段の自分の振る舞いに、このようなことがないか振り返ってみることも大切です。

●《嫌悪》は自分の価値観や心の傾向を深く理解するチャンス

　誰しも嫌いな人や物事があると思いますが、嫌いなものに囲まれた状況はストレスフルであるばかりでなく、自分の判断を誤らせて、気づかぬうちに混乱や失敗、誤った行動（否定、攻撃、拒絶、回避など）を招いてしまいます。また放置していると、こちらの《嫌悪》がコミュニケーションの際に

図6 「嫌い」の原因を見つけるワーク

テーマ：「自分はどうしてあの人のことを嫌っている？」

①何を嫌っているのか？

- (例) 相手の性格の〇〇なところ／見た目の〇〇なところ／〇〇な話し方／いつも行動が〇〇だから／生理的に不快に感じる／自分を嫌っているように感じる／自分より優れている・優位にある、など

②自分はなぜそれを嫌っているのか？

- (例) 自分の〇〇な性格が関係しているかもしれない／自分の〇〇という考え方に合わない／単純に「自分と違う」ところが容認できない／過去の自分の経験が影響している／過去にこの人との間でこんな出来事があったから、など

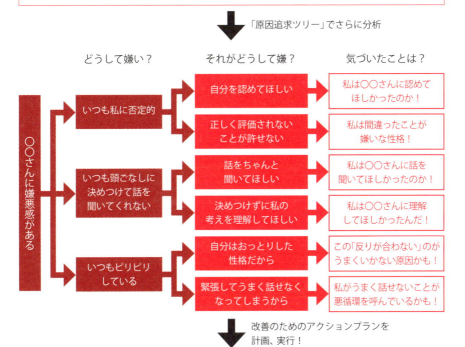

「原因追求ツリー」でさらに分析

改善のためのアクションプランを計画、実行！

- 人はそれぞれ個性が異なるもの。タイプが違うからと嫌がるのはやめにしよう
- 「話を聞いてもらうこと」「自分を理解してもらうこと」が目的だと意識しよう
- うまく話せないことをカバーするため、メールや文書を活用して伝えてみよう
- 相手がピリピリしていても気にしないようにしよう
- 接触するときには、感じのいいコミュニケーションを心がけてみよう

相手に伝わり、人間関係が相互的に悪化していくリスクも存在します。

そのためできるだけ《嫌悪》の対象を減らすこと、《嫌悪》の感情をしずめることが大切です。

そこでお勧めしたいのは、《嫌悪》を感じる人や物事について、「自分は何を嫌っているのか」「どうして嫌っているのか」を深く掘り下げ、自分なりの答えを見いだすワークです（図6）。

直感的に答えを出すのではなく、深く自分の心を洞察すると、《競争心》《劣等感》《嫉妬》《不満》《罪悪感》など、さまざまな感情を発見することがあります。

つまり**《嫌悪》を生み出した原因は相手だけにあるのではなく、それを受け止める自分の側にもあると気づく**ことができます。

すると以前のように嫌いな対象が気にならなくなったり、よい対処法が見つかることが多いものです。

● 人間的に成長した人の「人を嫌わないスキル」

人間性が磨かれている人や職場で評価されている人の多くは、自然と**「人を嫌わないスキル」**を身につけています。中でももっとも重要なポイントは**「多様性を認めること」**です。

実は自分との違いゆえに生じる「理解できない」「自分にはなじまない」という感覚が、しばしば《倦怠》《嫌悪》という感情を引き起こしています。

たとえば嫌いな人の言動に対して「どうしてあの人はいつもこんなことをするんだろう」「どうしてあんな態度をとるんだろう」と思うことがありますが、この「どうして」という思いが気持ちの本質を示しています。つまりこの場合、「自分とは価値観・やり方が違う」「相手を理解できない」という点が、《倦怠》《嫌悪》の発端になっています。

図7 嫌わないために下のプロセスのように多様性を認めよう

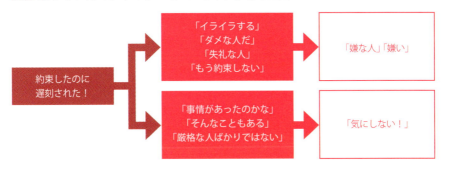

　そんなときには「自分と他人とは、タイプも価値観も異なって当然」「いろいろなタイプや価値観を尊重しよう」と自分に言い聞かせます（図7）。**「自分とは違うけれど、そんな人もいるよね」と考え、違いを面白がる、楽しむくらいの大らかな姿勢を心がける**とよいでしょう。

● 認知のラベルを「ネガ→ポジ」に変えよう

　もう1つお勧めの方法は、**「ラベルの貼り替え」**です。自分や他者について「優柔不断だ」「勝手だ」などネガティブな印象を持ったら、表現する言葉をポジティブな言葉に言い換えます。
「優柔不断・煮え切らない・臆病→慎重・注意深い・思慮深い・熟慮的」
「自主性がない・依存的→協調性がある・融和的・調和的・人を立てる」
「態度が大きい・傲慢・横柄→自信に満ちている・頼りがいがある・豪快」
「こうるさい・口やかましい→繊細・厳格・世話好き・指導的」「融通がきかない・頑固・強情→筋が通っている・信念がある」など、長所のような表現に変えてとらえ直すのです。
　これだけでも不思議と《嫌悪感》が鎮まり、他者や自分を前向きに受け止めるようになります。

1次感情

悲しみ (Sadness)

《悲しみ》はもっとも苦しい感情の1つ。その人の心を強力に支配して思考・行動を停滞させ、幸せを遠ざける

「悲しみ」とは

自分にとって大切なものを失ったときに生じる感情。喪失感、無力感、挫折感など多くの感情を含み、またほかの感情に変質・転化されやすい性質がある複雑な点が特徴。

● MODALITY 「悲しみ」の様相

感傷的	悲しみ	悲嘆
切ない／もの悲しい／うら悲しい／愁う／哀愁を感じる／しんみりする／気持ちが沈む／センチメンタルな気分／感じやすい／心がウェット	悲しい／哀しい／悲痛な思い／沈痛な思い／悲哀を感じる／泣ける／涙がこみあげる／悲しみにくれる／胸がひりひりする	悲嘆する／悲嘆にくれる／悲壮な思い／悲しみ嘆く／愁傷する／悲しみに胸が張り裂けそう／身を割くような悲しみ／胸が張り裂けるよう

● OVERVIEW 「悲しみ」の要点

- もっとも苦しい感情であると同時に、適切に癒すことができれば成長をもたらす
- 悲しみは怒り、抑うつに転化しやすく「治癒困難」「社会生活の破壊」につながるので要注意
- 悲しみの発生から癒えるまでの「12段階のプロセス」を理解し、能動的に癒していこう
- 悲しみを糧にして成長するには「しっかり悲しむ」「悲しみ切る」ことがポイント

CHARACTERISTICS 「悲しみ」の特徴

● 身体感覚を自覚したら「ケアが必要！」のサイン

　悲しみは「恋人と別れてしまった」「家族を喪った」「降格人事を受けた」「重い病気が発覚した」「引っ越して慣れ親しんだ土地を離れた」など、大切なものを失ったときに生じる感情で、この「大切なもの」は《怒り》と同様です（→26ページ図3）。

　多くの人は《悲しみ》《悲嘆》に苦しんでも「どうせ何をしても無駄」「時間薬しか効かない」と思い込んで心の傷を放置しがちですが、とくに**《悲嘆》の場合は複雑な形で悪化する**ケースがめずらしくありません。

　以下のようなケースはセルフケアや専門家によるサポートが必要なサインだと心得ておくとよいでしょう（図8）。

図8 《悲しみ》《悲嘆》で起きやすい身体感覚と不調

□ 心臓や肺をギュッとわしづかみにされたような感覚がある

□ 胸の辺りにズキッとした痛みや重い衝撃のような痛みがある

□ 胸にげっそりとした空虚感、虚弱感を覚える

□ 喉元が絞めつけられるような感覚があって、無意識にため息が出る

□ 視界が暗く、色がないように見える（感じる）

□ 全身の筋肉に力が入らない、顔の表情筋も動かず無表情になってしまう

□ 食欲がなく、食べ物を口に入れても食べ物のように感じない、飲み込めない

□ なかなか眠れない、眠りが浅い、早朝に目が覚めてしまう

□ 眠っても眠っても寝足りない、体がだるくて起き上がっていられない

●《悲しみ》《悲嘆》と関連して生じる《怒り》《抑うつ》に要注意

　《怒り》《激怒》と同じように、《悲しみ》《悲嘆》にはほかの多くの感情

第1章　実は奥深い！　身近な「1次感情」を知り尽くす

が関連します。発生直後からともなう「複合感情」をはじめ、時間が経って慢性化、悪化した場合には《悲しみ》《悲嘆》がほかの感情に変化することがあります（図9）。

　また**悲しい現実を認めることがあまりにつらい場合には、ほかの感情に転化して表現される**ケースもみられます。

　たとえば大切な人を亡くすなどして強い《悲嘆》を抱えている人の中には、「あまりに悲しすぎて心が壊れてしまいそう」と感じ、必死に《悲嘆》をこらえて泣かない、悲しまないことがあります。しかし心の中に抑圧さ

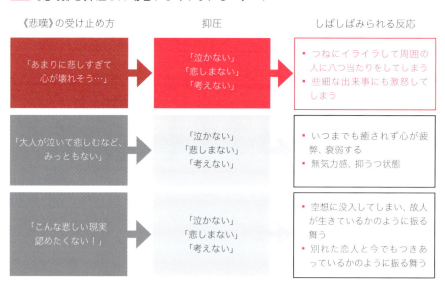

図9 《悲嘆》を抑圧した場合によくみられるパターン

れた《悲嘆》は、しばしば《イライラ》《怒り》《激怒》の形で表現されます。

●《悲しみ》《悲嘆》への最悪の対処は「忘れたフリ」をすること

　心の中に生じた《悲しみ》《悲嘆》を癒すには、その気持ちを受け止め、悲しい出来事と向き合い、しっかり悲しむことが必要です。

　たとえば「悲しい出来事をあらためて振り返る」「泣く」「ありのままの思いや考えを書き綴って気持ちを吐き出す、思考を整理する」「信頼できる誰かに話して理解してもらう」などが有効です。

　ところが《悲しみ》《悲嘆》は苦痛が大きい感情なので、普段以上に仕事をするなど自分を多忙な環境に追い込んで、「忘れたフリをして日常生活に没頭する」というケースが非常によくみられます。

　しかし悲しんでいることを否認してしまうと、40ページの図10のように思考や行動に混乱をきたしたり、専門家のサポートが必要な状態にまで悪化しても、それを自覚することすらできなくなってしまうことがあります。

「忘れたフリ」は、対処法としては決して好ましいものではないと覚えておきましょう。

●「悲しみ切って癒す」ために役立つ"涙"の効用

「泣くとスッキリして少し元気になる」という経験は誰しもあると思います。これは決して気のせいではなく、現実に脳の中では変化が起きています。

《悲しみ》《悲嘆》が生じたとき、脳内では興奮性の神経伝達物質「ノルアドレナリン」が分泌されます。これは覚醒させる力が強いので危機的な状況においては役立つものなのですが、体内の活性酸素を増やしたり免疫

図10 《悲しみ》から目を背けたときに起きやすいこと

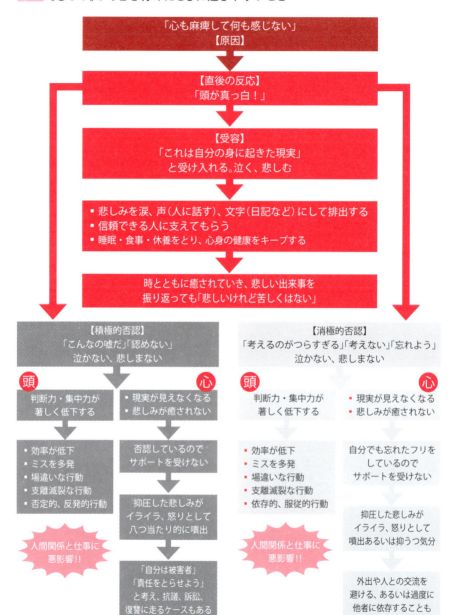

を抑制したりという作用もあるので、長時間（あるいは長期間にわたって頻繁に）ノルアドレナリンにさらされることは避けなくてはなりません。そのようなとき、泣いて涙を流すと、脳内には神経伝達物質「セロトニン」が分泌されます。**セロトニンにはノルアドレナリンの暴走を抑える働きがあり、精神の安定をもたらします。これが涙の1つの効用です。**

また涙を流した後には、鎮静作用がある脳内麻薬物質の「エンドルフィン」が増加することもわかっています。これによって気分はスッキリし、リラックスできます。

ほかにも、泣いた後には免疫力がアップするという研究報告があります。ウイルスなど体内に侵入した異物を食べて排除する免疫細胞「マクロファージ」と、ウイルス感染した細胞やがん細胞を殺す「ナチュラルキラー細胞」の働きが活性化するのです。

悲しいときには涙をこらえるのではなく、泣いてしまったほうが癒しにつながります。また自分が直面している悲しい出来事とはまったく関係がない悲しい映画、ドラマなどを見て涙することも有効です。

しかし家族と同居している方は、なかなかひとりになって安心して泣ける場所がないかもしれません。そのようなときはカラオケボックスでも散歩でもホテルに泊まるのでも構わないので、心ゆくまで泣ける環境を用意するとよいでしょう。

●《悲嘆》が癒えるまでの12のプロセス

上智大学名誉教授で死生学、グリーフ（悲嘆）ケアの専門家であるアルフォンス・デーケン博士は「悲嘆のプロセスの12段階」を明らかにしています。誰もがこれらすべての段階を経験するわけではなく、またこの順番で経験するわけでもありません。

しかし多くの方がこのような段階を、自分なりのプロセスで行きつ戻りつしながら次第に悲しみを受け入れ、立ち直っていくと考えられています。

1 **精神的打撃と麻痺状態**：「何も考えられない、頭が真っ白」「何も感じない、涙も出ない」

2 **否認**：「こんなの嘘だ」「絶対に信じない」「受け入れられない」

3 **パニック**：「どういうこと？」「どうしたらいいの？」「何もわからない！」

4 **怒りと不当感**：「どうして自分がこんな目に」「理不尽だ」「間違っている」

5 **敵意と恨み**：「あの人のせいでこんなことになった」「訴えてやる」「恨んでやる」

6 **罪責感**：「自分があんなことをしたせいだ」「しなかったせいだ」「自分に失望した」

7 **空想形成ないし幻想**：故人がまるで生きているかのように振る舞う等

8 **孤独感と抑うつ**：「誰にもわかってもらえない」「慰めなんか欲しくない」「ひとりになりたい」

9 **精神的混乱と無関心**：「もうどうでもいい」「何のために生きているのかわからない」

10 **諦め**：「今さらどうにもならない」「仕方がない」

11 **新しい希望**：生活、人生に意識が向き始める

12 **立ち直りの段階**：悲しみから抜け出し、生活、人生に意欲を持ち始める

1次感情

驚き (Surprise)

《驚き》という心理的衝撃が加わると、《喜び》は《感動》になり《悲しみ》は《悲嘆》になり、あらゆる感情が増幅する

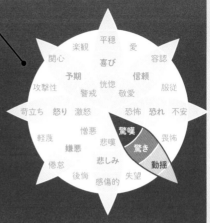

「驚き」とは

予想外の出来事と遭遇したときに生じる感情。それが自分にとって好ましいことか否かによって、ポジティブな感情にもネガティブな感情にもなりうる。

■ MODALITY 「驚き」の様相

動揺	驚き	驚嘆
戸惑う／面食らう／意外に思う／きょとんとする／目を丸くする／虚を突かれる／不意を突かれて浮足立つ／落ち着きを失う／心乱される／心穏やかでない	びっくりする／うろたえる／狼狽する／泡を食う／驚き慌てる／度肝を抜かれる／目が点になる／意外なことに唖然（あぜん）とする／呆然とする／耳（目）を疑う／信じられない	仰天する／愕然とする／気が動転する／パニックになる／青天の霹靂／驚天動地／我を失う／頭が真っ白になる／呆然自失する／腰が抜ける

■ OVERVIEW 「驚き」の要点

- 《驚き》は心理的ショックで《困惑》《混乱》《緊張》《興奮》などを呼び覚ます
- 嬉しい出来事に《驚き》をプラスした「サプライズ」は、《喜び》を増幅する
- 嫌な知らせは、事前にほのめかすことによって《驚き》をやわらげるとダメージが軽減する
- 極めて衝撃的な「好ましくない出来事」による急性ストレス反応に要注意

CHARACTERISTICS 「驚き」の特徴

● 《驚き》には「本能的な反応」と「知的な反応」の2つがある

　ネズミやリスなどの小動物が天敵と出くわすと、驚いて身体をビクッとさせます。このような突発的な刺激による《驚き》は本能的な驚愕反応で、無意識に身を守るような姿勢や行動がともないます。人間でいえば、歩いているとき目の前に何かが大きな音を立てて落ちてきたら、多くの人が反射的に目を閉じたり、身体をよけるような姿勢をとります。

　一方、人間にはもう1つ**「思考」を介在した《驚き》**があります。「思いがけない場所で懐かしい知人に出会った」「新たな情報を聞いて、長年自分が勘違いをしていたことに気づいた」などです。

　これらは経験、知識など、自分の理解からは想定できなかった事柄との出合いによって生じます。

● 驚きの対象によって《怒り》《激怒》にも《喜び》《歓喜》にも

　《驚き》はさまざまある感情の中でも根本的なものの1つです。

　多くの場合、**遭遇した事柄が自分にとってどのような意味を持つかによって、ほかの感情がプラスされます。**

　たとえば車の運転をしているとき、交差点で自転車が飛び出してきてあわや、という場面では、まず《驚き》あるいは《驚愕》が起き、その直後に「相手が無事だった」「事故にならなかった」という点に意識が集中すれば《安心》、そうではなく「相手が無謀なことをした」「自分は危ない目に遭わされた」という点に集中すれば《怒り》《激怒》などが起こります。

　また思ってもみなかった昇進の知らせを受ければ《驚き》に《喜び》や《感謝》が加わり、親しい友人が入院したという知らせを受ければ《驚き》に《心配》《憐れみ》などが付随します。

● サプライズは《驚き》をプラスし《喜び》を増幅する演出

《驚き》は、遭遇した事柄が自分にとって意味のある出来事であればあるほど強くなり、また予想外であればあるほど強くなる傾向があります。

また**《驚き》を加えることで、本来の感情が増幅される**のも特徴です。

たとえば誕生祝い、結婚祝い、出産祝いなどの食事会やパーティを開いてもらうのは嬉しいものですが、これをサプライズでおこなうのは、《驚き》を加えることで《喜び》をより大きくしようという演出です。

反対に、誰かに嫌な知らせをするときに「いいニュースと悪いニュース、どちらから聞きたい？」と尋ねることがあります。これは、あらかじめ悪いニュースがあることを伝えて《驚き》をやわらげることで、相手のダメージを軽減しようというコミュニケーションです（図11）。

図11 《驚き》の足し引きをコミュニケーションに利用しよう

嬉しいニュースや出来事に《驚き》をプラスすると

残念なニュースや出来事から《驚き》を差し引くと

● 一種の混乱・緊張・興奮状態にあるので直後の言動は慎重に

《驚き》は一種の心理的ショックであり、《困惑》《混乱》《緊張》《興奮》

図12 《驚き》に遭遇したときの主な反応

精神的反応	身体的反応	行動的反応
追体験／不安／心配／恐怖／イライラ／怒り／激怒／興奮／混乱／落胆／感情のまひ／現実感の喪失など	動悸／発汗／震え／息苦しさ／顔面紅潮／顔面蒼白／筋肉の緊張／不眠など	出来事を思い出すような環境や行動を極端に回避する／興奮して言動が荒々しくなる／ぼんやりして適切な行動がとれない、など

などを呼び覚まします。

《驚き》にともなう《困惑》《混乱》は「どうしたらいいかわからず、場違いな言動をする」「判断を誤る」などの問題を引き起こす可能性があり、《緊張》《興奮》は感情の爆発を引き起こすなどの問題につながります（図12）。

たとえば「お風呂に入ったら、お湯が予想外の熱さで驚いた」という場合、「熱い！」という不快な刺激を負っていることもあって感情が爆発し、お湯の設定温度を変えた家族に激怒してしまうかもしれません。

驚いたときは一回深呼吸をして理性を働かせ、感情に任せた言動をとらないよう注意することが、自分や周囲の人々の快適さを守る秘訣です。

●《驚き》《驚愕》による急性ストレス反応に要注意

自分にとって衝撃的な好ましくない出来事に遭遇すると、しばらくの間、衝撃の記憶がよみがえってつらくなったり、気分が落ち込んだり、自分が自分ではないような感覚がしたり、不眠、イライラなどが引き起こされることがあります。これを「急性ストレス反応」といいます。

きっかけとなる出来事は自然災害、事故、犯罪被害、大切な人との死別、尊厳を著しく傷つけられる出来事などさまざまで、ときには自分が当

事者でなく目撃者であったり、誰かから話を聞かされただけでも発症することがあります。これは**《悲嘆》《恐怖》などが《驚愕》によって増大し、強烈なダメージを負ってしまった状態**とも考えられます。

　このような体験をした場合には、「自分は心にひどいケガを負った」と意識して、事後すみやかなケアをおこなうことが求められます。

● 転職、転校、引っ越しなどで起きる「リアリティ・ショック」

　近年、話題になっているのは、転職したときなどに「理想と現実のギャップ」に遭遇して《動揺》《驚き》《驚愕》する、リアリティ・ショックです。

　新たな環境に身を置いてみたものの、「期待していたのと違う」「こんな話、聞いていなかった」という現実をつきつけられ、《失望》《落胆》をともなうショックを受けた状態です。そんなとき、誰もが「仕方がない」「この環境に順応しよう」と事態を受け入れられるとは限りませんし、受け入れることが最善の道とも限りません。

　このような場合、**大局的視点からの選択肢は「その環境を受け入れる」「その環境を自分が変える」「その環境から離れる」の３つに絞られます。**まずは未知であるその環境になじむ努力をして、自分にとって有益な面、魅力的な面を探し、価値を冷静に判断するとよいでしょう。それでも問題が残るなら、環境を変えるための働きかけをおこなうか、その環境を去る決断が必要になります。

　リアリティ・ショックを放置すると、ほかの些細なことも気に入らなくなって《失望》が蓄積し、やる気も失われるので積極的な対処を心がけましょう。

1次感情

恐れ (Fear)

「心配力」は仕事とプライベートの有益スキル！ 振り回されず活用すれば、よりよい未来をつくることができる

「恐れ」とは

自分にとって大切なものが、何かに脅かされていると思ったときに生じる感情。「よくないことが起きる」という考えが心を落ち着かなくさせ、意思決定や行動に影響をおよぼす。

● MODALITY 「恐れ」の様相

不安	恐れ	恐怖
不安がる／気になる／不穏な気持ち／心が騒ぐ／気持ちが落ち着かない／憂う／憂慮する／懸念する／案じる／気がかりに思う／安心できない／心もとない	危惧する／気苦労に思う／心配でソワソワする／気になって仕方がない／心配でじっとしていられない／気持ちが重苦しい／思い悩む／気に病む／心配事が頭から離れない	怖い／怖くてたまらない／恐ろしい／凍りつく／心配で震える／追い詰められる／恐怖で気がおかしくなりそう／膝がガクガクする／生きた心地がしない／押しつぶされそう

● OVERVIEW 「恐れ」の要点

- 《不安》《恐れ》のときは脳の機能が抑えられ、論理的・客観的な思考ができにくくなる
- 失敗体験による《予期不安》を防ぐには「健全な解釈」と「成功体験の上書き」が有効
- 日常の《不安》《恐れ》にはリスク対策を実行して、自ら《安心》をつくっていこう
- 悪化させて予期不安、不安障害、うつ、パニックを起こさないよう早めの対処が肝心

CHARACTERISTICS 「恐れ」の特徴

●「未来についての想像」が引き起こす感情

《怒り》《悲しみ》が、現在もしくは過去の出来事に関連して生じる感情であるのに対し、《不安》《恐れ》は未来を思い描くことによって湧き起こります（ただし《恐怖》は現在の出来事についても起こります）。

「通販で高額の買い物をしたけれど、期待どおりの商品が届かなかったらどうしよう」「子どもの体調が最近おかしいけれど、もし重い病気だったらどうしよう」「重役会議での発表がうまくいかなかったらどうしよう」など、望ましくない未来のシナリオを思い描くことが、こうした感情をもたらします。

現実に起こっていることではなく、頭の中で考えただけなのに、まるでそれらが確実に起きるような、あるいはすぐにでも起きるような錯覚に陥って、強い苦痛を感じます。

●《不安》は脳の前頭前野の活動を抑え思考を混乱させる

これらの感情を抱えているとき、「考えがまとまらない」「どうしたらいいかわからなくなる」など、思考の混乱を経験した方も多いでしょう。

これは脳の働きによるものです。《不安》《恐れ》《恐怖》を生じているときは脳の大脳辺縁系が活性化していて、理性をつかさどる前頭前野の働きが抑えられています。そのため論理的、客観的に物事を考えることが困難になるのです。

《不安》《恐れ》《恐怖》に襲われているときは重要な決断をしない、何かを決めるときには信頼できる人に相談するなど注意したほうがよいでしょう。

第1章 実は奥深い！ 身近な「１次感情」を知り尽くす

● 後々まで引きずらないよう《不安》《恐れ》は即座に対処する

《不安》や《恐れ》は一時的なものであればいいのですが、それが後々にまで影響することがあります。

たとえば「プレゼンテーションでうまく話せず、否定的意見を次々とぶつけられた」という１つの失敗体験があると、「次にもまた同じことが起きてしまうかもしれない」という《予期不安》を生じるケースがみられます。

そもそも脳は、感情が強く発動したときの記憶を強烈に刻み込む性質があるので、これは自然な反応でもあります。ここで「前と同じ結果にならないよう行動しよう」と考えることができればよいのですが、心のダメージが大きい場合などには「人前での発言」＝「失敗する」という具合に、ゆがんだ解釈をしてしまうことがあります。そのような場合は「また失敗してしまう」という想念に流されず、意思を持って理性的、合理的な思考と行動を心がけましょう（図13）。

図13 予期不安に陥らないために健全な解釈をしよう

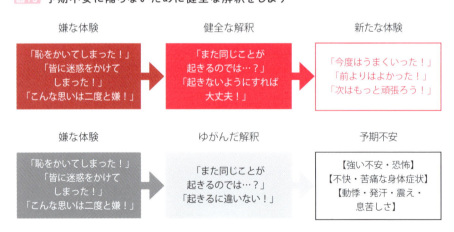

●《不安》《恐れ》《恐怖》の負のスパイラルに陥らない

《予期不安》と呼ばれる状態になると、強い不安・恐怖とともに動悸・発汗・震え・息苦しさ・顔面紅潮・顔面蒼白などの身体症状が起こります。このような慢性的な《不安》を放置してしまうと悪循環が生じて、精神面にも行動面にも問題が生じ、ときにパニック状態に陥ってしまうこともあるので注意が必要です（図14）。

たとえば**大きな失敗体験をきっかけに《予期不安》が起きるようになった場合、しばしば身体感覚に対して過敏になります。**そのため「心臓がドキドキする、もうダメだ」「震えてきた、また失敗する」と大げさに受け止めて、余計に《不安》が増大し、身体症状もひどくなるという現象がみられます。

また行動面でも、失敗を回避しようとして同じ状況・似た状況を避けるようになるため、「失敗体験」を「成功体験」で上書きすることができません。いつまでも慢性の《不安》が解消せず、行動も制限され続けてしま

図14 《恐れ》による心理面・行動面の負のスパイラル

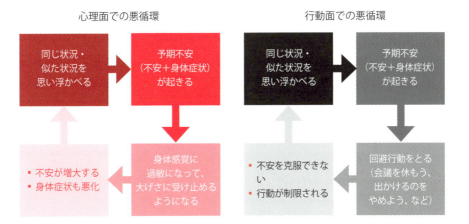

います。

● 慢性の《不安》で脳が過敏になると…

　もう1つ気をつけたいのが、慢性の《不安》《恐れ》によって脳が過敏になった影響で、何もかもが《不安》《恐れ》になってしまうケースです。

　健康な状態であれば、安全が確認されることで《不安》《恐れ》は消えていきますが、「全般性不安障害」と呼ばれるこの状態になると、脳の扁桃体が些細なストレスに対しても過敏に反応するようになり、あらゆることに対して理由もなく《不安》《恐れ》が起き、それが継続してしまいます。

　普通の表情をしている人の顔を見ても「私を嫌っている」と思ったり、誰かが物を落として大きな音を立てただけでも「私に腹を立てている」と思ったり、平穏な日常生活を送ることが困難になります。**セルフケアでの改善は難しいので専門家のサポートを求めるとよい**でしょう。

図15 不安が心身におよぼす影響

全般性不安障害
・さまざまな事柄について過度な不安・心配・恐怖を感じる状態が毎日のように続き、半年以上継続するもの。気分が落ち着かずソワソワしたりイライラしたりするほか、注意力や集中力の低下、頭痛、不眠、めまい、寒気やのぼせ、動悸、頻尿などさまざまな症状をともなう

パニック障害
・突然激しい不安や恐怖に襲われ、動悸、発汗、めまい、息苦しさ、胸部の不快感などを感じる発作が繰り返し起きる。発作時に「このままでは死んでしまう」と感じるケースも多い

社交不安障害
・人々に注目されることや、人前で恥ずかしい思いをすることが怖くなり、人と話すときや人が多い場所に苦痛を感じる状態。動悸、発汗、赤面、震え、息苦しさ、口の渇き、発声困難、頭が真っ白になるなどの症状がみられる

強迫性障害
・本人の意思とは無関係に、特定の行為を繰り返してやめることができず、日常生活が妨げられてしまう状態。繰り返し想起される不安なイメージを解消するためにそのような行動をとる（例：外出しても何度も戸締まりを確認しに帰る。手洗いを繰り返す、物をためこむなど）

ほかにも《不安》《恐れ》《恐怖》は、適切なケアをおこなわないと不安障害、うつ、パニック障害をはじめ、心身に影響がおよぶ可能性もあります（図15）。

　慢性化するとストレスホルモンのコルチゾールやノルアドレナリンが分泌され続けるため、免疫システムのバランスが崩れて免疫力が著しく低下しますし、脳に炎症が起きて神経細胞が傷害されると、記憶力、集中力、感情のコントロール、思考、行動にも影響します。

● 価値ある《不安》と無駄な《不安》を見極めよう

　日常生活の中で《不安》を抱え、それが《恐れ》に発展し、《恐怖》を生じるという悪化のパターンは、しっかり防ぎたいところです。それには**初期の《不安》が生じた時点で対処することが確実**です。このとき、まずは**「今感じている《不安》は価値あるものなのか」を見極めます。**

　たとえば「暗い夜道をひとりで歩いて帰るのは不安」「大きな地震がくるのが不安」などは、そのリスクを回避・低減する行動をとることで不安そのものが解消され、また将来の自分に「安全」という現実的な利益をもたらすので、価値ある《不安》といえるでしょう。

　反対に、価値のない《不安》は、偏った思考、ゆがんだ思考などによって生み出されています。「何が不安なのか」「どうして不安なのか」「不安に思う必要があるのか」など、理性を使って心を客観視する作業を、信頼できる友人・同僚・家族などの手を借りておこなうとよいでしょう。「不安に思う必要なんてなかった」と心に納得させることができれば改善していきます。

● 咄嗟の《恐怖》は論理的思考では制御できない本能的反応

咄嗟(とっさ)の《恐怖》は、本能に深く根づいた感情です。

暴漢や災害などに出合ったとき、それが自分の生命の安全を脅かすものかどうかを、脳の扁桃体が一瞬で評価します。通常、物事を判断するときには脳の前頭前野が働いて理性的に考え判断が下されますが、「目の前にナイフを構えた人が現れた」「ハイキングをしていたら大蛇に遭遇した」などの場合、考えている猶予はありません。そのような場面では危機の判定をつかさどる脳の扁桃体が働きます。

そして「これは危険！」と判断されると、脳の視床下部によってストレスホルモンが分泌され、心身が**「闘うか逃げるか反応 (fight-or-flight response)」**を起こし、それにともなって《恐怖》が発生します。つまり**咄嗟の《恐怖》は、瞬時の判断と対応が求められる場面で起こる、本能的な防衛反応**の一端です（図16）。

図16 咄嗟の《恐怖》に遭遇したときの反応

1次感情

信頼 (Trust)

「信頼される人になりたい」という向上心は成長のエネルギー。《信用》を重ねて《信頼》を獲得しよう

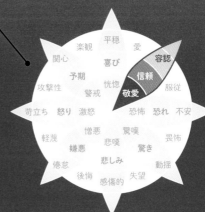

「信頼」とは

特定の人や物を高く評価することから生じる「すべてを任せられる」という気持ち。《信頼》関係は、一度築かれるとなかなか揺らぐことのない強固な結びつきになる。

● MODALITY 「信頼」の様相

容認	信頼	敬愛
認める／受け入れる／一定の評価を下す／共感する／同意する／賛同する／気を許す／心を許す／(意見や要求を)のむ／承諾する／許諾する	信用する／信認する／疑いがない／不審を抱かない／頼りに思う／信任を与える／確信できる／信じるに足る／よりどころとする	信奉する／尊敬する／心酔する／全幅の信頼を置く／すべてを委ねる／心服(信服)する／師事する／師と仰ぐ／崇敬する／畏敬の念を持つ

● OVERVIEW 「信頼」の要点

- 《信頼》は、「過去の信用の積み重ね」＋「任せられるという評価」＋「未来への期待」
- 《信頼》の裏切りは《悲しみ》《怒り》《嫌悪》を生む
- 職場では仕事に対する一定の努力・成果がみられないと、人格者でも《信頼》されない
- 《敬愛》は「疑うことなくすべてを受け入れ服従する心」、詐欺の手法にも悪用される

第1章 実は奥深い！身近な「1次感情」を知り尽くす

CHARACTERISTICS 「信頼」の特徴

●《信用》という実績を重ねることで《信頼》が生まれる

「信頼される人になりたい」という真っ直ぐな思いは、とても健全な向上心です。

ただし《信頼》は他者からの評価でもあり、一朝一夕で実現できるものではありません。**他者から《信頼》される人を目指すなら、《信用》と《信頼》の違いや、その関係性を理解しておくとよい目安になる**でしょう。《信用》は、「その対象を確かなものと信じ、受け入れる気持ち」のことです。実際には過去におこなった行為や積み上げた実績にもとづいて得られるもので、**「客観的評価」**といえます。

《信頼》はその結果として築かれる**「主観的評価」**で、《信用》にもとづいて未来の行為を信じ、期待する気持ちが含まれています（図17）。

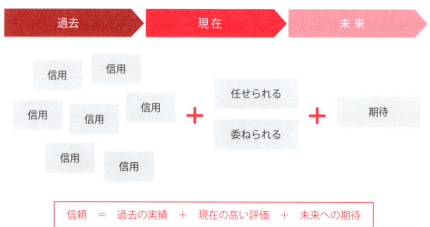

図17 《信用》を獲得して《信頼》へと関係を構築していこう

信頼 ＝ 過去の実績 ＋ 現在の高い評価 ＋ 未来への期待

● 人が《信頼》されるために必要な5つの要素

《信頼》はあくまでも主観的評価によって生じる感情ですが、《信用》という客観的評価にもとづいたものなので、ある程度共通した要素がみられます。

一般的には以下の5つが必要であると考えられています。これらを実行しない場合、その人は《容認》《信頼》《敬愛》の正反対の感情である、《倦怠》《嫌悪》《憎悪》を受けやすくなります。また職場においては、以下の要素の中でもとくに「本業において能力を磨いている」という条件の重要度が高くなります。

仕事のための組織である職場では、やはり仕事において一定以上の努力と成果がみられなければ、どんなに素晴らしい人格者であっても《信頼》を得るのは難しいでしょう。

- ●誠実である
- ●嘘をつかない
- ●自分が言ったことを簡単に覆さない
- ●本業（仕事、家事、子育て）において能力を磨いている
- ●安易に他者の責任（他責）にしない

● 根底に《信頼》が築かれた関係はなかなか壊れない

《信頼》で結ばれた関係は非常に強固です。

両者が交流する中で、少々の意見の相違や期待外れな出来事があっても、基本的に関係が揺らぐことはありません。また仕事の現場では、上司よりも部下の能力のほうが高いケースがよくありますが、信頼関係が築かれていれば、このような構図でも仕事が機能し、人間関係もうまく運びます。

上位職にある人は、かならずしもすべてのパラメーターで部下より能力が勝っているわけではありませんし、それ自体は何ら問題ないのですが、**そこに《信頼》がないと、部下が不安に思ったり、指示やアドバイスを軽視して従わないなどの問題が生じます。**

● 《信頼》《敬愛》と《嫌悪》《憎悪》の密接な関係

　《信頼》がさらに高まると、《敬愛》の情が生まれます。これは《信頼》が深まった結果、相手に対して疑いを一切、持たない状態です。無条件ですべてを受け入れ、従い、自分を捧げる心境といえるでしょう。

　そこまで熱烈に信頼できる相手が存在するのは幸せなことでもありますが、危険が潜んでいることも覚えておきたいところです。というのも、**《敬愛》の下地になっている《信頼》は主観的評価であり、ときには間違うこともあります。誤って《信頼》してしまった相手を《敬愛》し、後に「裏切られた」「騙された」ということが起こり得る**のです。

　《信頼》が裏切られると《悲しみ》《怒り》《嫌悪》など不快な思いが生じ

図18 《信用》を獲得して《信頼》へと関係を構築していこう

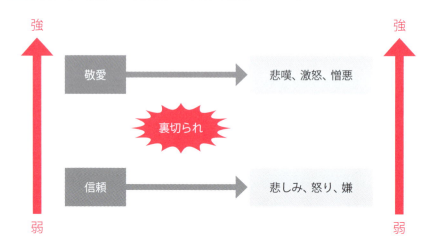

ますが、《敬愛》が裏切られた場合はさらにその思いが強烈になり、《悲嘆》《激怒》《憎悪》が生じます。

《敬愛》は非常に強い感情なので、それが失われたときの衝撃や影響も甚大になるのです（図18）。感情的に苦しいだけでなく、人間関係や社会生活での大きな問題に発展することもめずらしくありません。また詐欺行為において、宗教的信仰心などを利用する手法がありますが、これは「疑うことなく服従する《敬愛》の心」を悪用した行為です。《敬愛》《心酔》の落とし穴にはくれぐれも用心しましょう。

●「自分も人も信頼できない」タイプの人に必要なこと

まれに「自分は他者を《信頼》できない」という人がいますが、これは要注意の状態です。心の通い合う人間関係が構築できず孤独にさいなまれたり、《怒り》《恨み》《悲しみ》《抑うつ》を生じさせたり、**自分はもちろんのこと、子どもや部下など周囲の人々の成長を阻害する可能性があります。**

人を信頼できない原因は「かつて人に裏切られた経験がある」「親に『人は信用するものではない』と刷り込まれた」など、過去の経験が関与しているケースがみられます。もう1つ注意したいのは、乳児期（0〜1歳半）に、「基本的信頼感」が構築されなかったケースです。

基本的信頼感は乳児期に母親（養育者）との関係によって構築されます。赤ちゃんは「暑い」「寒い」「眠い」「お腹が空いた」「淋しい」など、自分のさまざまな欲求が満たされていく中で「この世界は安心できる場所だ」「自分は愛されている」と認識し、《信頼感》の基盤が形成されるのです。

基本的信頼感が乏しいと、他者を《信頼》することも、自分を《信頼》することも困難です。もし他者を《信頼》できず、「私には生きる価値がない」「愛される価値がない」とつらく思う場合は、専門家のもとで基本的信頼感の再構築プログラムを受けてみることをお勧めします。

第1章 実は奥深い！　身近な「1次感情」を知り尽くす

> 1次感情

喜び (Joy)

喜びを求めるのは健全な心。でも「没入しすぎないこと」「間違った喜びを追求しないこと」がポイント

「喜び」とは

自分の欲求が満たされたときに起きる感情。《満足感》《幸福感》《愉快》などをともない、快感として自覚される。

● MODALITY 「喜び」の様相

平穏	喜び	恍惚
心が安らぐ／気持ちが和らぐ／落ち着く／満ち足りている／心穏やか／くつろぎを感じる／心が休まる／安心する／ほっとする／リラックスする	嬉しい／楽しい／心が弾む／気持ちが上がる／浮かれる／嬉々(きき)とする／心が舞い上がる／心が躍る／気持ちがはしゃぐ／ご満悦／上機嫌	夢心地／夢うつつ／無上の喜び／歓喜にひたる／狂喜乱舞する／天にも昇る気持ち／多幸感に酔いしれる／有頂天になる／嬉し涙が出る

● OVERVIEW 「喜び」の要点

- 喜ばしい体験の直後には高揚した《喜び》が生じ、後に落ち着いた《幸福感》が訪れる
- 《喜び》の対象には、健全なものと不健全なものが存在する
- 不健全な「背徳的な喜び」は永続せず飢餓感がつのるだけで、《幸福感》はもたらさない
- 《歓喜》《恍惚》の忘我状態である「マタニティ・ハイ」「昇進ハイ」等に要注意

CHARACTERISTICS 「喜び」の特徴

● 「欲求が大きいほど」「意外であるほど」《喜び》は大きくなる

《喜び》は幸福感の1つで、これを求めるのは人間の健全な欲求です。

特徴としては、その対象への欲求が強ければ強いほど《喜び》は大きくなり、得られたものが意外であればあるほど《喜び》は大きくなります。

また《喜び》は高揚した感情ですが、これが落ち着くと心の中が静かな《満足感》《幸福感》で満たされます。

この反応には脳の働きが関わっています。自分が望んでいたよいことが起きると、脳内では**ドーパミン**や**βエンドルフィン**などの神経伝達物質が放出され、胸が躍るような《喜び》の感情を生み出します。その後、**セロトニン**が分泌され、落ち着いた《満足感》《充足感》《幸福感》に包まれます（図19）。

図19 《喜び》に遭遇したときに発生する脳内ホルモン

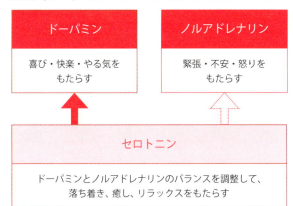

● 背徳的な喜び、反社会的な喜びを求めても幸せにはなれない

《喜び》の対象には、不健全なものも存在します。

たとえば人はルールを破ることで《解放感》や《喜び》を感じることがあります。授業や仕事をサボるなど、ちょっとしたことであれば大きなダメージが返ってくることはないかもしれませんが、不倫や犯罪行為などの場合、計り知れない代償を求められます。

しかしこういった**背徳的な喜びは、《うしろめたさ》や《スリル》などの刺激をともない強い快楽に感じられるので、一度味わってしまうと耽溺してしまう**ケースが少なくありません。

ただし**この種の《喜び》には、「永続しない」「時間が経つと飢餓感がつのる」という特徴があり、追い求め続けても本当の意味で自分を幸せにすることにはなりません**（図20）。

《喜び》の対象には健全なものと不健全なものがあることを理解し、自分にとって真の《喜び》を実現することが重要です。

図20 背徳的な喜びは一時的。本当の幸せをもたらすことはない

不倫など、「禁断の恋」におぼれる	気に入らない人に意地悪をする

高圧的な態度をとって人を怯えさせる	卑怯な手を使って地位や名声を得る	欲しい物を盗んで手に入れる

嘘をついて注目を浴びる	車の運転で大幅なスピード違反をする

● 喜びは一種の忘我状態、
　周囲への配慮や目の前の現実を忘れずに

《恐れ》《怒り》《悲しみ》と同じように、《喜び》《恍惚》も心を支配するパワフルな感情です。そのため「周囲のことが見えなくなる」状態に陥って、トラブルを招いてしまうことがあります。

　たとえば子どもを出産した嬉しさで陶酔したようになる**「出産ハイ」**と呼ばれる興奮状態があります。産後はアドレナリンが大量に分泌されているのでその影響が大きいのですが、その結果、不妊治療中の友人や、離婚して子どもと離れて暮らしている友人にまで、幸せいっぱいのメッセージを届けてしまうなど、**周囲の人々の心情に無頓着になってしまう**ケースはしばしばみられます。

　幸せなこと、喜ばしいことを自分の胸に秘めておく必要は決してありませんが、「幸せのおすそ分け」とばかりに無思慮な言動をしてしまうと、相手に《悲しみ》《怒り》《屈辱感》《恨み》などを負わせてしまうかもしれません。

　このような特殊なハイテンション状態は、ほかにも**「マリッジ（結婚）ハイ」「マタニティ（妊娠）ハイ」「昇進ハイ」「合格ハイ」**などさまざまあります。

《狂喜》《恍惚》《全能感》に振り回されて、普段の自分からは考えられないような調子に乗った行動をとりがちなので要注意です。

　また《喜び》《恍惚》状態では、嬉しくて夢見心地になり、仕事やプライベートでミスをするなど、**現実への対応がおろそかになる傾向もあります**。「今、ここ」にしっかり意識をつなぎとめることも重要です。

第1章 実は奥深い！ 身近な「1次感情」を知り尽くす

1次感情

予期 (Anticipation)

「現実」ではなく「想像」が生み出す感情《予期》をポジティブな未来を実現するリソースにしよう

「予期」とは

ここでいう「予期（英語でAnticipation）」は、未来のことに意識を向けたときに生じる気持ちを指す。これが強くなると、《緊張感》《不安》《恐れ》《恐怖》をともなう《警戒心》が生じたり、「今、ここ」に向ける意識や行動がおろそかになってしまうことがある。

● MODALITY 「予期」の様相

関心	予期	警戒
（先のことなどを）気にする／気にかける／意識を向ける／着目する／着眼する／注目する／目を留める／心惹（ひ）かれる／興味を持つ／気をそそられる	見通す／見込む／見立てる／先を読む／予測する／先取りする／雲行きをみる／（現状について）おろそかになる／（先のことが気になって）気もそぞろになる／心ここにあらず	警戒心を抱く／緊張する／用心深くする／注意深くする／慎重になる／（先のことを）案じる／不安に思う／恐れる／やきもきする／対策を考える／予防策を講じる

● OVERVIEW 「予期」の要点

- 「想像」から生み出される感情なので比較的コントロールしやすい
- 一般的に《予期》は単独ではなく《不安》《期待》などほかの感情がプラスされる
- 《予期》に《不安》《恐れ》がともなう場合はリスク対策を実行しよう
- 理想的な未来をイメージする「成功のリハーサル」をおこなって《意欲》《勇気》につなげよう

CHARACTERISTICS 「予期」の特徴

● 現実化していない"先のこと"を思う《予期》という感情

　感情は、自分を取り巻く「今」の状況や出来事が原因となって起きるだけではありません。過去のおこないを後悔する、過去の出来事を悲しむなど「過去」の事柄も原因となりますし、同じように「未来」の事柄も原因になります。

　このうち未来に意識を向けたときに生じる根本的な感情を、ここでは《予期》と呼んでいます。

《予期》には、自分にとって望ましい未来が実現してほしいと願う気持ちが含まれています。

　またたいていの場合、《予期》には《不安》《期待》などほかの感情がプラスされるので、《予期》自体が日常で意識されることはあまりありませんが、とても重要な根本感情の1つです。

「プルチックの感情の輪」では、《予期》は《驚き》の正反対に位置しています。

《驚き》は、「想像もしなかったことに対して起きる感情」であり、その正反対の《予期》は「想像したことに対して起きる感情」です。現実化していない出来事や状況に対する感情なので、比較的コントロールしやすい特徴があり、また適切な行動につなげれば未来の出来事や状況をポジティブな形で現実化させることも可能です。

●「どれだけ強く心を奪われているか」が 複合感情の強さを左右する

《予期》という感情は、弱いレベルでは《関心》、それが強くなると《予期》、さらに強くなると《警戒》と変化します。

第1章 実は奥深い！ 身近な「1次感情」を知り尽くす

65

この変化は「未来のことにどれほど強くとらわれているか」「深刻に思っているか」を示しています。そしてこの強弱にともなって、複合される感情の強さも変わります。

たとえば仕事の新規プロジェクトにとりかかるとき、そのプロジェクトが成功するかどうかについて「《関心》がある」という人の場合、実際に成功しても「よかったな」、失敗しても「残念だったね」程度の受け止め方にしかならないでしょう。

でも《予期》あるいはさらに強い《警戒》を持っていた場合、成功すれば《歓喜》《達成感》などを感じ、失敗した場合には《屈辱感》《敗北感》《絶望感》にさいなまれるかもしれません。

●《予期》に《不安》《恐れ》がともなうならリスク対策を

《予期》は何を想起するかによって、ポジティブな感情にもネガティブな感情にもなります。

たとえば未来の災害のことを思えば《不安》《心配》《恐れ》《焦り》などを感じます。その一方、未来に計画している海外旅行のことを考えれば《楽しさ》《期待感》《高揚感》などを感じます。このうちネガティブな感情が生じたら、それを1つのサインとして対策的行動をとり、未来の現実をより望ましいものに変化させるとよいでしょう。

たとえば「巨大地震がくるかもしれない」という考えが湧き、《不安》や《恐れ》が生じたら、そのリスクへの対応をとります。

リスク対応の基本は、まず「そのリスクが現実に起きる可能性はどのくらいか」「そのリスクが現実化したら、どのくらいの影響（被害・損害）を受けるか」をもとに、対策の要・不要を判断します。

そして対策が必要と判断されたら、「回避」「低減」「移転」「受容」の4つから方針を選びます（図21）。

図21 望ましいリスク対応のプロセス

リスクの発見	リスクの評価	対策方針を決める
・【思考】 「巨大地震がくる?!」 ・【感情】 「不安!」「心配!」	・【実現可能性】 「政府の広報や専門家の 意見では高リスク」 ・【影響の大きさ】 命の危険、資産の損害な ど影響は甚大!	・巨大地震リスクを「回避」 「移転」することは不可能、 「受容」はしたくない! ・「低減」策をとる!

　このケースの具体的なリスク低減策としては、「より地震災害リスクの低い地域に住まいを移す」「家を耐震補強する」「家具の固定など防災の取り組みをする」「防災グッズを備蓄する」「飲食物、日用品の備蓄をする」「家族で連絡方法、集合場所などを決め、ケースごとの避難方法を考えておく」などが考えられます。膨大な作業のようですが、負担なくできることから一つひとつおこなっていくと、小さな《安心》が積み重ねられて《不安》《恐れ》が軽減するとともに、リスクが現実化した際の被害・損害も軽減されます。

　このように《予期》をきっかけに行動してよりよい未来をつくる方法は、日常の小さなことについても活用可能です。

● 「成功のリハーサル」で《警戒》を乗り越えよう

《警戒》は《予期》が強まった感情で、未来の出来事に強く心を奪われ、それに細かく注意を払っている状態です。どのようなことを思い浮かべるかによって、強い苦痛に見舞われることもあります。

《予期》と同じように、よりよい未来のため前向きに行動できればよいのですが、強い感情で理性がききにくいため、コントロールが難しい傾向があります（図22）。

図22 《警戒》が引き起こしやすい問題

目の前のことがおろそかになる
・「心ここにあらず」の状態なので、現実的に今、ここで起きていることを軽視しがちになる。ミスをしたり、人の話を上の空で聞いたり、しなければならないことを忘れるなど
ネガティブな想像を膨らませてしまう
・とくに《不安》《心配》がともなっている場合、ネガティブなシナリオを妄想してしまい、さらに《不安》《心配》を増大させる
強迫的な行動にとりつかれてしまう
・「この先、こうなるに違いない」という考えに固執しているので、それを回避するための行動に駆り立てられ、何度も繰り返してしまう
悲観思考に陥って行動が消極的になってしまう
・先のことを気楽に感じられず、過剰に深刻にとらえてしまうので、リスクを恐怖して挑戦を避けてしまう

　人生はチャレンジ、つまり新たな経験の連続です。ときには《不安》が先に立って消極的な気持ちになってしまうこともあるかもしれませんが、過剰な《警戒》によって成長の機会を失ってしまうのは残念なことです。そんなときには**未来のポジティブなシナリオを思い描く「成功のイメージトレーニング」**をお勧めします。

　たとえば就職活動の最中なら、面接がうまくいくシナリオをいくつも思い描き、その情景を鮮明に思い浮かべます。

　成功のリハーサル（予行演習）になるとともに、自然と楽観的な気分がもたらされます。それが希望や可能性を信じて前進する《意欲》《勇気》につながっていきます。

第 **2** 章

複合された
「2次感情」を自在に
コントロールする

> 2次感情

楽観 （予期＋喜び）

明るい未来を期待する《楽観》を自分の手で生み出して「前進する力」「挑戦する力」に変えていこう

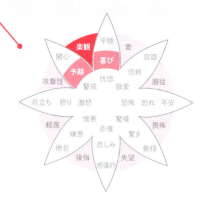

《楽観》とは

未来の望ましい状態がかなえられるだろうという前向きな展望を信じ、気楽に感じている気持ち。

構成要素 ［喜び］欲求がかなえられ満たされた気持ち＋［予期］未来を期待する気持ち

類似感情 希望的、楽天的、明るい見通しを持つ、余裕の構え、期待して臨む

● 無人島にひとり流れついても《絶望》しないチカラになる

「きっと大丈夫」「なんとかなる」「うまくいくに違いない」——。

そんな《楽観》的な気持ちを意識的に生み出すスキルは、人生を切り拓く頼もしい武器になります。

楽観性を発揮できる人は、成功することを前提に行動します。そのため大きな目標に挑戦することができ、困難に遭遇したときにも迷うことなく乗り越えるための行動をとります。

たとえば無人島にひとり流れ着いた状況でも絶望せず、筏（いかだ）をつくったり、上空から見つけてもらえるよう地上の目立つ場所に流木などで「HELP」の文字をつくったりするのです。

日常生活の中でも新しいチャレンジに悠々とした気持ちで乗り出すので

成長のスピードが速く、その結果、たくさんの成果を手にすることにもつながります。

その一方、**なかなか《楽観》することができず《悲観》的な傾向が強い人は、挑戦の機会や困難にあったとき、「できない理由」「やらない理由」をつくり出し、それを言い訳にして逃げる傾向があります。**

●《楽観》《悲観》はどちらも使い方次第

実は**《楽観》と《悲観》はどちらも有益な感情で、そのバランスと使い方が重要**です。

たとえば《楽観》にもデメリットがあります。慎重にならなければいけない場面で、もし過度に《楽観》的になってしまったら容易に失敗をまねきます。

ノーベル経済学賞を受賞した認知心理学者ダニエル・カーネマン博士は、「楽観性バイアスは**計画錯誤**につながる恐れがある」と指摘しています。この計画錯誤とは、**「計画をやり遂げる際に必要となる時間や労力、費用をつねに少なく見積って、たやすくやり遂げることができると評価する傾向」**、つまり舐めてかかって失敗してしまうということです。

また《悲観》性が役立つ場面も多々あります。
《悲観》は「望ましくない未来を展望して、自分が手に入れられそうもないことを悲しむ気持ち」です。「こうなってしまったら嫌だな」「ああなってしまったら困る」という思いは、先々の計画を立てる際、リスクを洗い出す上で非常に役立ちます。

両者の基本的な使い方としては、《楽観》性は「革新的な発想をするとき」「意欲を高めるとき」「スタートを切るとき」「障害に対処する場面」で使い、《悲観》性は「未来のリスクを洗い出すネガティブシミュレーション」「緻密なリスク対策の実行」に使うよう意識するとよいでしょう。

ちなみに世界三大心理療法士のひとりとされているアルバート・エリス博士は、**楽観思考65％、悲観思考35％のバランスのとき、その人はもっとも快適で最高のパフォーマンスを出せる**と述べています。

● 自己パターンを修正して《楽観》性を身につけよう

《悲観》しがちな人が《楽観》性を伸ばすには、まず《悲観》的な思考の癖から脱却することが必要です。

　それには**毎日、《悲観》する心の記録をとって「いつものパターン」を見つけ出す、レコーディング方式のトレーニングが有効**です。

　悲観的な思考が湧いたときの「思考」「感情」「行動」を記録して、1週間ごとに振り返って自分がいつも陥ってしまう思考パターンを分析します。

　たとえば「資格試験を受けても絶対に合格できない」と思ったなら、「何を根拠にそう思うのか」を掘り下げて考えます。すると、過去の失敗経験が原因だとわかったり、子どもの頃から両親が《悲観》的な言葉を口癖にしていて、それが刷り込まれていることがわかったり、原因を突き止めることができる可能性があります。

　こういった原因は、「次も失敗する」という根拠にならないことが自分で理解できれば、少しずつ《悲観》的な思考の癖を手放していくことができるでしょう。

　加えて「成功のシナリオ」を思い描くトレーニングをおこなうと、さらに効果的です。

> 2次感情

攻撃性（予期＋怒り）

「目標達成」「苦難の突破」に役立つ《攻撃性》
を操って人生を思いどおりに切り拓いていこう

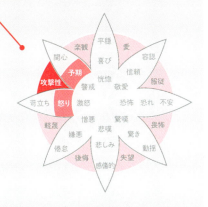

《攻撃性》とは

自分の大切なものが脅かされそうになっていると感じ、それを守るため猛烈に闘う意欲が湧いている状態。

構成要素　［予期］未来を期待する気持ち ＋ ［怒り］大切なものが脅かされ興奮した気持ち

類似感情　闘争心／好戦的／攻撃的／競争的／アグレッシブ／闘志を燃やす／気勢を上げる／強気

● どんなに温厚な平和主義者でも「闘うべきとき」がある

《攻撃性》は「全力で闘って勝利してやる」というエネルギッシュな感情です。《怒り》、もしくはそれに近い感情が含まれているので興奮性が高く、いたって攻撃的な点が特徴です。そして《予期》が含まれていることからもわかるとおり、「このままでは自分の誇り／立場／名誉／利益などが損なわれてしまう」という危機感が内在しています。

つまり**《攻撃性》は、たんに「気性が荒い」「喧嘩っ早い」性格とは異なって、大切なものを守るため一時的に生じる反応です。《攻撃》的であることを好まない人もいるかもしれませんが、決して悪い感情ではありません。**

もし悪意を持った人に、大切なものを奪われたり壊されたりしそうに

なっている場合には、闘う選択も必要です。ただし、その方法が理性的である必要があります。《攻撃性》は激しい感情なので、そのまま突っ走ってしまいがちですが、「本当に相手と闘うべきなのか」「どのような方法でアクションを起こすべきなのか」について、慎重に理性を働かせることが重要です。

● 日常での《攻撃性》は「人」でなく「目標」「試練」に向けよう

《攻撃性》は、人に向けられるばかりではありません。目の前に立ちはだかる障害、予想もしなかった苦境などの困難に遭遇したとき、「こんなことに負けてたまるか」と奮起して全力で頑張るエネルギーになります。**このような場面における《攻撃性》は、《向上心》に支えられた《発奮》であり、とても有用な感情なのです。**ただし困難にぶつかったときの自然な反応は人それぞれで、誰もが自然に《攻撃性》を燃やすわけではなく、《意気消沈》する人もいれば、《投げやり》になる人もいます。

この違いには、もともとの性格も関係しています。

たとえば「小学生の子どもがおっとりしていて、まったく《競争心》も《闘争心》もない。こんな調子で勉強やスポーツの能力を上げていくことができるのだろうか」と心配される親御さんは珍しくありません。

そのようなタイプの人は、まずは自分の個性を尊重し、それを活かす活動を中心にします（多くみられる性質は協調性／寛大さ／深遠な思考／構築型の思考／コツコツとした勤勉さ／記憶の定着力の高さ／辛抱強く取り組み大きな成果を成し遂げる力、など）。そして必要な場面で《攻撃性》を沸き立たせればよいのです。《攻撃性》は自分で生み出すことができます。

● 人生を切り拓く力《攻撃性》は、必要な場面で自らつくる

《攻撃性》を持つべき場面で少しも奮起しないのは、「本気」「真剣」に

なっていない、もしくはなれないからです。多くの場合、本気になれない理由は「この試練を乗り越えなかったとき、自分は何を失うのか」「乗り越えたとき、何を手にするのか」を明確に意識していないことです。

《攻撃性》に含まれている《怒り》の感情は、誇り、立場や評価、物やお金、夢や理想、正義、時間や労力、平和や快適さ、人間関係、成果などの「自分にとって大切なもの」が脅かされた際に生じる感情です。**自分がもし乗り越える努力をしなかったら、これらのうち何を失うことになるのか、それを明確にすることが《攻撃性》を生み出す秘訣**です。

失うものをありありと想像するだけでも切実な《危機感》が湧いてきて、「そんなことは断じて受け入れられない！」という《怒り》を含んだ《攻撃性》に火をつけることができるでしょう。

● 控えるべき攻撃的コミュニケーション

多くの方は《攻撃性》をそのまま他者にぶつける言動を控えますが、**1つ気をつけたいのは、自覚なしにおこなってしまうケース**です。

「攻撃したい」という気持ちがあると、指摘すればすむようなことでも「正当に聞こえる批判」という形で他者を執拗に攻撃することがあります。そのようなケースでは「いつもあなたはこうだ」「だからあなたはダメなんだ」などと人格攻撃をしたり、侮蔑の言葉を使ったり、わざわざ人前で批判します。

別のケースは自分中心に物事を考え、合わない意見には聞く耳を持たない「攻撃的自己表現」です。表面的には攻撃的な言葉を使用しなくても、他者の気持ちや事情を一切考えず、一方的に主張して対話を終えます。《支配欲》《優越欲求》が強い方、《共感》性に乏しい方に多いのですが、これも控えるべき攻撃的コミュニケーションの1つです。

> 2次感情

軽蔑 （嫌悪＋怒り）

軽蔑を生むのは「正義の心」でなく「自分の価値観」。相手への執着をやめ《軽蔑》する心を手放そう

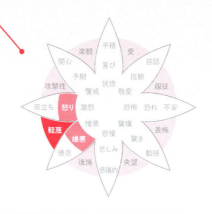

《軽蔑》とは

その対象を「許せない」「認めない」「価値が低い」と思い、見下げて嫌う感情。個人的な価値観による、他者に対する批判的感情の1つで、相手を自分より下に序列している。

構成要素　［怒り］大切なものが脅かされ興奮した気持ち＋［嫌悪］不快に思い嫌う感情

類似感情　侮蔑／蔑む／侮る／蔑（ないがし）ろにする／バカにする／見くびる／見下げる／嘲弄する

●《軽蔑》する思いは「正義の心」が生み出すとは限らない

《軽蔑》は相手に対するかなり強い感情で、「あの人は親友の彼氏を奪った」「仕事のミスを同僚になすりつけた」など、多くは社会的ルールや常識に著しく反した行為がおこなわれたとき、その相手に抱きます。

ただし最終的には「自分の価値観」に照らし合わせて評価していることを覚えておきましょう。

たとえば「親友の彼氏を奪った」というケースでも、人によっては「本人同士がつきあいたいのなら仕方がない」「恋愛はそういうもの」「契約とは違う」と考えて問題にしない人もいます。つまり、**誰かに《軽蔑》の思いを抱いている人は、「自分は社会正義に沿って評価している」と思い込みがちなのですが、その正義、つまり価値観は人それぞれなのです。**

さらに偏見や先入観によって、幾分ゆがんだ評価をしている場合も少なくありません。誰かに《軽蔑心》が湧いたら、「もしかしたら別の見方があるかもしれない」と、立ち止まって考えてみることも大切です。

●《軽蔑》の裏には《競争心》《嫉妬心》《優越欲求》が…

　《軽蔑》という、人を見下し侮蔑する感情には、別の感情がともなっていることがあります。もっとも多くみられるのは《競争心》《嫉妬心》《優越欲求》です。

　特定の人に対して「あの人だけには負けたくない」「自分より上にいるなんて許せない」という感情が先にあると、無意識に相手の言動の中からよくない点を探し出し、それを過大に評価して「信じられないほどひどい人だ」と考えます。そして**《軽蔑》して留飲を下げたり、心の平静を保つという1つのパターンがあります。**

　こういった場合、実は自分の内心に満たされない思いがあるか、《自信のなさ》《不安》が潜んでいる可能性があります。

　心が満たされている人や適度な自信がある人は、心に余裕があるので他者の在り方やおこないにそれほど執着せず、心を乱されることがありません。《軽蔑》に心をかき乱されたときは、相手ではなく自分自身の心を見つめることをお勧めします。

● 自分にとって不要な感情なので手放す方法を考えよう

　《軽蔑》はあまり自分に役立つ感情ではありません。 むしろそれを表現したとき、人々から自分のほうがよくない評価を下されることが多いものです。というのも誰かを《軽蔑》した態度をとったり、《軽蔑》している気持ちをほかの人に伝えるときには、かならず「見下げている」「バカにしている」気持ちが表れてしまうからです。

このような他者を尊重しない態度は《傲慢》であると受け止められ、あなた自身が人々の内心で《軽蔑》されることにもつながります。そして《軽蔑》の表現は一種の攻撃ともみなされ、敬遠されます。そのためいつまでも《軽蔑》を抱き続けず、解消していく努力をしたほうが賢明です。

また、**まれに人の出身地、家柄、学歴、仕事、性別、経済力、容姿など**について《軽蔑》を抱く人がありますが、そのような場合は《軽蔑》を生んだ「価値観」を修正する必要があります。

●「自己軽蔑」の口癖がネガティブな暗示を引き起こす

《軽蔑》の気持ちを自分に向ける**「自己軽蔑」**という心の状態があります。「どうせ私はいい大学を出ていないから」「所詮、田舎育ちだから」「機転の利かない人間だから」など、自分を卑下する気持ちです。**自信のなさからくる《不安》や、さまざまなことがうまくいかない《怒り》《悲しみ》、あるいは親や教師などから否定され続けることでつくられる「心の癖」といえる**でしょう。このように、つねに「どうせ」「所詮」などの言葉で自分を卑下していると、いつしかそれが動かしがたい現実のように思い込んでしまい、実際に自らの成長や幸せへの道を閉ざしてしまいます。

また、こういった言葉を他者の前で口にする方がみられますが、アドラー心理学では**「自分に期待しないでほしい」と予防線を張るメッセージだと考えられています。**自分がうまくできないことに《罪悪感》や《不安》を抱き、その責任から逃れる手段として自己軽蔑の表現をしているのです。

どちらも自分の「可能性の芽」を摘み取る悪癖なので、手放すことが必要です。独力で難しい場合は、専門家とともにゆがんだ自己評価を修正していくとよいでしょう。伸び伸びと将来の夢を描けるようになります。

`2次感情`

後悔 （悲しみ＋嫌悪）

《後悔》からは一刻も早く抜け出すのが鍵。「過去」にひきずられず「今」「未来」のため動き出そう

《後悔》とは

過去の決断・行動が原因で残念な結果になったことを認識し、過去を悔やむと同時に、自分が手に入れられなかったものを惜しみ、悲しんでいる気持ち。

`構成要素` ［嫌悪］不快に思い嫌う感情＋［悲しみ］大切なものを失ったつらい気持ち

`類似感情` 悔やむ／思いを残す／未練を残す／悔いを残す／後ろ髪をひかれる／忸怩（じくじ）たる思い／自責の念／惜しまれる／反省する／悔悟する

●《後悔》に浸らず、一刻も早く「今どうするか」に意識を戻す

　誰しも「あのときああしていれば……」「こうすればよかった」という思いを、日常的に経験していると思います。

　そんなとき「過去は変えられない」とスパッと思い切ることができれば、《後悔》を1つの教訓として成長することができます。ただし《後悔》に含まれている《悲しみ》は、人によっては甘美な感情にも感じられるので、《後悔》の思いに浸りきってしまうケースもみられます。

　しかしいつまでもクヨクヨしていると、その経験がトラウマのようになって《自己憐憫（れんびん）》《自信の喪失》《自己否定》などの感情が生じ、つらい気持ちが長引きます。また**経験がいつまでも「苦い思い出」のままなので、そこから学ぶこともできません。何かに《後悔》したら、教訓だけを**

もらって意識を「今」に戻しましょう。

● 「過去は変えられない」とあきらめず、
　適切なフォローを心がけよう

《後悔》するような体験の中には、自分だけが残念な思いをしたのではなく、周囲にも影響がおよんでいるケースが少なくありません。「調子にのって友人の恥ずかしい失敗談をバラしてしまった」「仕事でミスをして、先輩に後始末をさせてしまった」など、自分以外の誰かを怒らせたり、悲しませたり、面倒をかけたりして「被害者」を出していることがあります。

　そのようなときは「してしまったことは取り返しがつかない」とあきらめて事態を放置するのではなく、できる限りのフォローをすることが重要です。真摯に謝る、お詫びとして奉仕する、引き起こしてしまった事態の収拾に精一杯取り組むなど、誠意をもって対応します。

　ミスや失敗を挽回するチャンスは「今」にあると心に留めておきましょう。

● 《後悔》の思いが《悲嘆》《うつ》に悪化しないよう要注意

　人生において大きな選択を誤ったとき、「もう取り返しがつかない」という思いから抜け出すのは簡単ではありません。「転職に失敗した。どうして前の会社を辞めてしまったのか」「結婚するべきでない人と結婚してしまった。反対していた両親の忠告をどうして聞かなかったのか」「不貞が発覚して家庭を崩壊させてしまった。なぜ踏みとどまることができなかったのか」など、失ったものの大きさに比例して、《後悔》の念は強くなります。

　このような悔やんでも悔やみきれない思いが長期にわたってしまうと、意識が過去に釘づけになってしまったり、現実から目を背けて空想の世界

に没入したり、あるいは人生に絶望して自暴自棄になってしまうこともあります。

深い悲しみである《悲嘆》や《うつ》に悪化するケースも珍しくありません。

このとき注意したいのは、**《後悔》の中には「自分が悪い」という思いがあるので、無意識に「自分は罰を受けるべきだ」「苦しむことが自分にはふさわしい」と考え、あえて苦しみの中に留まることを選び、心のケアを怠ってしまう傾向がある**ことです。よき理解者や専門家のサポートを受けながら、少しずつ心の傷を癒し、このような不健康な思考を手放していきましょう。

心に強さを取り戻せば、今から手に入れられる幸せがたくさんあることに気持ちを向けられるようになります。

● 人生を豊かにする「予期的後悔」

後悔には「してはいけないことをしてしまった」ケースだけでなく、「するべきことをしなかった」「したいことをしなかった」というケースもあります。

後者は「親孝行をしなかった」「好きな人に告白しなかった」「もっと勉強しておけばよかった」「早めに病院を受診しておけばよかった」などで、30代以降の人生を振り返る時期に入ってから、「今さら取り返しがつかない」という深い《後悔》を生じさせることもあります。

ただし、これらについては「予期的後悔」の視点を取り入れることで、ある程度、予防することが可能です。

多くの人は自分の進路や行動について決断する際、どうしても目先のことにしか意識が向きません。それを**「3年後、10年後にこの決断を振り返ったとき、後悔しないか」という視点で決める**のです。挑戦する意欲にもつながる、《後悔》の予防法です。

> 2次感情

失望 （驚き＋悲しみ）

勝手に期待して勝手に失望する「無益な失望」に要注意。ひとりよがりな期待をやめれば他者への失望は激減する

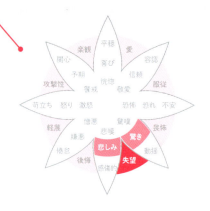

《失望》とは

人や物事に対して抱いていた期待が裏切られ、悲しみつつその対象を「受け入れられない」「認めない」と拒絶する気持ち。

構成要素 ［悲しみ］大切なものを失ったつらい気持ち＋［驚き］予想外のことにショックを受けている気持ち

類似感情 幻滅／失意／落胆／がっかりする／自責の念／期待を裏切られる／他責の念／拒絶／拒否／受け入れられない

●《失望》の前段階には《期待》がある

《失望》という感情が生まれる前段階には、《期待》があります。《期待》は、人や物事に対して「このようになってほしい」「このようになってくれるはず」と、自分なりの望ましい状態が実現されることを想定して楽しみに待っている状態です。

「入学試験の合格を《期待》する」「ゴルフのコンペで入賞することを《期待》する」「異動願いがかなえられることを《期待》する」など、自分に関する物事に抱く場合もあれば、「夫が結婚記念日にプレゼントをくれることを《期待》する」「塾に行くようになった子どもの成績が上がっていることを《期待》する」「部下が成長してくれることを《期待》する」など、他者に向けられることも多々あります。

こうした《期待》が打ち破られて、ショックと悲しみがないまぜになった《失望》が生じるのですが、この感情が自分に向けられたときは《自責の念》になります。

● 自分を責め、否定する《自責の念》に押しつぶされない

《自責の念》は自分を責め、否定し、無力に感じるつらい感情です。通常は時間の経過や思考によってその現実を受け入れ、つらさもやわらいでいきます。

　ところが《期待》があまりに大きかった場合や、「間違いなく実現できる」と確信していてショックが大きかった場合には、ダメージも甚大です。そんなときは押しつぶされてしまうのではなく「転んでもただでは起きない」というつもりで理性を働かせることが肝要です。「今回は実現できなかったけれど、自分はそれを通じて何を求めていたのか」「それは本当に自分にとって必要なものなのか」を確かめ、「ほかにそれを手に入れる道はないのか」「今回、実現できなかった原因は何なのか」「今後はどのように行動すればよいのか」を考えます。この経験を糧にして前進すれば、《失望》した出来事もたんなる「嫌な経験」ではなくなります。

● 頻発している勝手に《期待》して勝手に《失望》するケース

「君には《失望》した」「私を《失望》させないで」という言い方がありますが、これは言外に「あなたに《期待》していた／《期待》している」というメッセージを含んでいます。注意したいのは、日常において、この《期待》は「一方的に思い描いた自分だけの願い」である場合が少なくない点です。

　たとえば「出産して体調が回復しない中、はじめての子育てに四苦八苦しているのに、夫が気づかってくれない」「部下に頼んだ企画書にヴィ

ジュアル・デザインの案を添付してほしかったのにしていない」などのケースがあります。

しかし他者に対して「こうしてくれるのが当たり前」と思い込むのはひとりよがりにすぎません。相手にきちんと伝えることができていれば、問題は起きなかったはずです。**誰かに《失望》を感じたときには、乏しいコミュニケーションが原因ではなかったか確認が必要**です。

● 幸せの秘訣は「《失望》を恐れず《期待》する」

《失望》は嫌な感情ですが、人生から《失望》をなくすことはできませんし、なくしたほうが幸せな人生になるわけでもありません。前述のとおり《失望》は《期待》と対になっているからです。大小の《期待》を抱くからこそ人は人生を発展的に歩み、さまざまな望みをかなえていくことができます。

中には「《失望》したくないから自分の将来を《期待》しない」「《がっかり》したくないから子どもにも夫にも《期待》しない」という方がいるかもしれませんが、それは非常に残念な考え方です。**心理学の研究でも「人は期待値を下げても幸せになれるわけではない」と示されています。**

アイルランドの心理学者、ヨランタ・バークは「期待が低すぎると、自分の状況を改善するための行動や能力が制限される」「変化に適応せず《無力感》や《絶望感》を生じる」などの可能性を指摘しています。

《期待》《楽観》は、逆境を乗り越える意欲になり、新たな幸せを獲得しようと行動する動機になります。

また他者への《期待》にもよい面があります。**他者から《期待》をかけられている人は、より高いパフォーマンスを出す**傾向が認められ、「**ピグマリオン効果**」と呼ばれています。自分に対しても他者に対しても《失望》することを恐れず、よい未来を《期待》しましょう。

2次感情

畏怖（驚き＋恐れ）

《畏怖》を感じる「偉大な存在」と出会えるのは幸せなこと。ただし萎縮、思考停止、依存の傾向にご用心

《畏怖》とは

自分には到底かなわない対象に圧倒され、畏れおののく気持ち。たんに怖がっているのではなくその存在を偉大に思い敬う気持ちが含まれている。

構成要素　［驚き］予想外のことにショックを受けている気持ち ＋ ［恐れ］自分が脅かされているという落ち着かない気持ち

類似感情　畏れ敬う／畏れ慎む／畏敬の念／崇敬／尊敬／厳粛／敬虔

●《恐れ》よりも複雑で特殊な《畏れ》という気持ち

《畏怖》には「畏れ」という文字が使われていますが、同じ「おそれ」という言葉でも「恐れ」とは少し意味が異なります。

《恐れ》という感情は、自分の大切なものが何かに脅かされている《不安》《恐れ》《恐怖》を示していて、さまざまなことが《恐れ》の対象になります。一方**《畏れ》は、たんに対象を怖がるだけでなく、そこには《尊敬》《敬意》が含まれています**。そのため畏れる対象は限定されます。

また「畏れ多い」という言葉がありますが、これは相手を大きな存在だと受け止めているがゆえに生じる、「自分にはもったいないこと、不釣り合いなことです」という謙譲の気持ちを表しています。

●《畏怖》の対象は自分には到底かなわない「偉大な存在」

《畏怖》は、日常ではあまり経験することがない感情の1つです。大自然の力強さを実感したり、神仏の現れを感じたり、科学では説明不能な神秘的な現象に遭遇するなど、よほど偉大な存在、あるいは理解不能な存在に触れたときにしか生じません。

この感情には、「自分という存在がちっぽけに感じる」「自分が脅かされていると感じる」など、《恐れ》が含まれています。つまり大自然を眼前にして「その豊かな恵みに触れて感謝する」「偉大さに感動する」という気持ちとは少し異なり、「切り立った高山の姿に神々しさと《畏怖》を感じた」「身を震わせるような激しい雷の響きに《畏怖》を生じた」など、怖さをともなった感情です。偉大な存在を前にして驚きに心を揺さぶられ、自然と慎み深い、かしこまった気持ちになった状態です。

●《畏怖》は一種の幸福な感情だけれど落とし穴に要注意

《畏怖》に関して留意しておきたい点の1つは、「無条件で対象に服従してしまいやすいこと」です。《畏怖》の対象は限定されるとお伝えしましたが、自分が宗教指導者、教師、親などを畏れ崇めている場合は、それらに対して《畏怖》の念を持つことがあります。そして《畏怖》するあまり《萎縮》《自己卑下》してしまい、自由な意思決定を放棄して、対象の言いなりになってしまうリスクが存在します。このリスクは、この対象を《信頼》《敬愛》するようになると、さらに高まります。

「プルチックの感情の輪」で《畏怖》の隣に《服従》があるとおり、《服従》に移行しやすい性質があるのです。

精神面はもちろん社会行動面での健全さにも影響するので、**《畏怖》する存在がある場合には、自分が自由な意思決定を放棄していないか自問すること**を心がけましょう。

> 2次感情

服従（恐れ＋信頼）

こども・新入社員にとって素直な《服従》は成長の近道。その経験が確かな自主性を育ててくれる

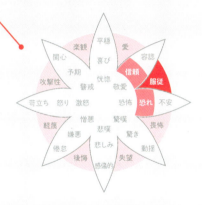

《服従》とは

自分には到底かなわない「信頼できる存在」に対して、すべてを受け入れて従い、自分を捧げようと思う気持ち

構成要素　［恐れ］自分が脅かされているという落ち着かない気持ち＋［信頼］相手を高く評価し「すべてを任せられる」という気持ち

類似感情　依存心／依頼心／屈従／侍従／隷属／支配を受け入れる／命令に背けない／付き従う／盲目的／唯々諾々／主体性がない／自立心がない

● 実は《主体性》《自立心》を養う上で役立つ《服従》

　一般的に「服従する」という行為は「自立心がない」「自主的でなく依存的だ」など、否定的に受け止められることが多いようです。そのため《服従》についても、好ましくない感情ととらえる方が多いかもしれません。

　しかし決してそうとは言い切れません。

　たとえば人生経験が乏しい子どもや、社会経験・仕事経験が乏しい新入社員などの場合、本人の意思決定は「未熟な経験」から導き出された未熟なものです。そのため親や教師、上司などが、高い見地から下した判断を押しつけて《服従》させることが、本人の速やかな成長のために役立つという一面があります。

第2章　複合された「2次感情」を自在にコントロールする

多くの方は親や教師、上司からの言いつけに「自分は違うと思う」「やりたくない」「何の意味があるのか」と《反発心》を持ったものの、従ってみたら「やってよかった」「そんな意味があったのか」「勉強になった」と納得した経験があるのではないでしょうか。

実際に、このようにして経験値を広げることが、結果として《自主性》の基盤をつくることにつながります。**成長過程の人にとっては、素直な《服従》が、自分にとって有益であるケースが多々ある**のです。

●《服従心》もなく服従させられる社会人の日常

《服従》しようという気持ちは、自分が圧倒的な信頼をおく人に対して、自然と心に湧く感情です。

しかし社会では、《服従心》もないのに服従させられることが日常茶飯事です。学校で「先生の言いつけは間違っている」と思っても従わなければなりませんし、会社でも同様です。このように、内心では反発しているのに行動としては服従することを「面従腹背」といいます。顔では従って、腹の中では背いている、という言葉です。**この状態は本人の精神面にも、そして活動する上でもあまり好ましいものではないので、疑問や抵抗を感じる命令や指示を受けた際には、謙虚な姿勢で意図や詳細を質問してみるとよい**でしょう。

説明を受け理解すれば、納得して従う気持ちになるかもしれませんし、たとえそうならなくても、できるだけ意見を伝え合い理解を深めることが重要です。

● 盲導犬の「賢い不服従」が教えてくれること

豊かな経験を積んだ人の場合は、もっと強固で明確な反発をしたことが

あるかもしれません。

たとえば進行中のプロジェクトについて、上司が重要なリスクを見落としていたことに気づいた場合、それを指摘しても上司が取り合わなかったら、懸命に重要性を訴えてリスク対策を勧めるでしょう。これは上司にとっては面倒なこと、面白くないことかもしれませんが、会社にとっては有益な行動です。

このような、より高い目的に沿った善き《不服従》について、私たちは学校でも会社でも教えられることはありません。

しかし盲導犬や聴導犬などのサービスアニマルは、**「賢い不服従 (Intelligent disobedience)」** のトレーニングを受けています。

たとえば主人が「前進しろ」と命令しても、前方に危険がある場合、盲導犬は従いません。命令よりも主人の安全を守ることを優先して、あえて命令に逆らうのです。

このように、**優先するべき大切なことがある場合には「あえて従わない」という選択肢がある**ことも覚えておきたいところです。

● パワハラ・虐めの温床になりやすい「絶対服従の組織」

「先輩やコーチには絶対服従が原則の運動部」「上司に絶対服従の企業」など、「絶対服従」の組織風土に、よい点は1つもありません。

運動部の場合、「規律を守る姿勢や、上位者への敬意が身につく」とも言われますが、これらは別の方法で習得することができます。また絶対服従の組織がパワーハラスメント、セクシャルハラスメントの温床になりやすいこと、そして活動への意欲や成果を低下させることは周知の事実です。

服従は決して強要されるべきではありません。自発的な「従おう」という思いからなされるべき行為です。もし**《不服従》を表現できない不健全な環境にいる場合は、離れる選択肢も検討する必要がある**でしょう。

> 2次感情

愛 （信頼＋喜び）

恋愛から親子愛、師弟愛まで「愛」の形はさまざま。でも、どれもが「生きる理由」「生きるエネルギー」になる

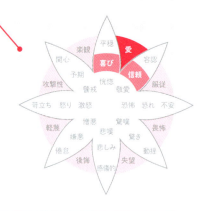

《愛》とは

相手を好きだと思い、深く慈しみ、愛おしく思う感情。相手のすべてを受け入れ、自分のすべてを任せられる心境。

構成要素　［信頼］相手を高く評価し「すべてを任せられる」という気持ち
　　　　　　＋［喜び］欲求がかなえられ満たされた気持ち

類似感情　愛情／恋愛／愛おしい／熱情／情愛／愛しみ／好意／慈愛／仁愛／恵愛／家族愛／夫婦愛／兄弟愛／師弟愛／無償の愛

●《信頼》が失われたとき、《愛》もまた壊れてしまう

　愛とは一体、なんだろう──？　その答えは往々にして文学的、哲学的に表現されます。

　詩人のヴィクトル・ユーゴーは「人生でもっとも幸せを感じる瞬間は、『他人から愛されている』、もしくは『自分自身を愛している』と実感できるとき。あるいは『自分と同じように誰かを愛するとき』である」と述べています。また作家のゲーテは「われわれは愛から生まれ、愛なきために滅び、愛によって己に打ち克ち、愛によって涙をとめる。われわれをたえず結びつけるものは愛である」と記しています。

　一方、プルチックは心理学的な分析のもと、「感情の輪」において《愛》

を《信頼》と《喜び》が混ざり合った2次感情であると示しています。

　恋愛、家族愛、夫婦愛、師弟愛などさまざまな関係において愛が芽生え、育まれていきますが、確かに多くの愛では《信頼》が欠かせません。翻せば、**《愛》で結ばれた固い関係でも、《信頼》がそこなわれると壊れてしまう**ことが示されています。

● 古代ギリシャ哲学が説く4つの《愛》の種類

　古代ギリシャ哲学には、「エロス」「フィリア」「ストルゲ」「アガペ」という4種類の愛が存在するという教えがあります。
「エロス」は特定の人を対象として肉体的な欲求を生じる愛で、《恋愛》はこれに当てはまります。

　一方、「フィリア」は友人との間に育まれる《友情》《友愛》です。《信頼》《連帯感》《安らぎ》《喜び》が含まれる感情で、特定の組織やグループなどで、喜びを共有したり苦難を分かち合ったりする中で醸成されていきます。

　もう1つの「ストルゲ」は親子、兄弟など家族間で生じる《家族愛》です。かならずしも血縁がある間柄のみに生まれる《愛》ではなく、義理の親子、義理の兄弟でもストルゲが育まれます。気が合う、合わないなどの相性を超え、「同じ家族の一員」という意識が生み出す《愛》といえるでしょう。

　最後の「アガペ」は、見返りを求めず献身する《無償の愛》で、《自己犠牲》の精神をともないます。通常はキリスト教における神の愛を指し、体験する感情というよりは観念的な《愛》になります。
《愛》にはさまざまな形があり分類も多様ですが、**いずれの《愛》も「人が生きる理由」になり、また「生きるエネルギー」として根源的な力を発揮する**ことが共通しています。

第2章　複合された「2次感情」を自在にコントロールする

●《恋愛》はたくさんの矛盾をはらんだ特殊な《愛》

さまざまな《愛》のうち**《恋愛感情》は、負の感情をともないやすいことが特徴**です。

《恋愛》は非常に《執着》する気持ちが強いためです。とくに《独占欲》《支配欲》が強くなり、容易に《嫉妬》が生じます。恋人がほかの異性と親しくするだけで《怒り》を含んだ狂おしい《嫉妬》に苦しめられ、ときには妄想によって《嫉妬》を生じることすらあります。さらに《恋愛》においては《愛》が《憎しみ》や《恨み》に変化しやすいことも大きな特徴です。

「愛憎は表裏一体」「可愛さ余って憎さ百倍」などの言葉は、そのような一般的な現象を示しています。

また《恋愛》は強い《執着》の影響で大きく感情が揺さぶられるので、数々の矛盾した状態や性質をはらんでいます。

「愛は惜しみなく与う」という言葉がある一方、「愛は惜しみなく奪う」ともいわれます。

また《喜び》の中にいたかと思えば、ちょっとしたきっかけでそれが《不安》《怒り》などに変化します。

ただし、この感情の揺らぎや矛盾の葛藤すら《恋愛》においては《喜び》となることは、多くの方がご存じのとおりです。

第3章

認めたくないから
気づけない！複雑に
こじれた「複合感情」

> 複合感情

憧れ （予期＋喜び＋信頼＋驚きなど）

《憧れ》は自分の理想を眼前にして抱く《喜び》の一種。このエネルギーを理想実現への動機に昇華しよう

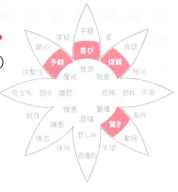

《憧れ》とは

自分が理想とする人や物事に、心を強く惹かれる気持ち。イメージの中で自分を同一化させて喜びを感じたり、自分も同じように理想を手に入れようと奮起する力になる。

類似感情　憧憬／賞賛／羨望／志望／願望／願い／夢
対義感情　嫉妬／軽蔑／幻滅／蔑み／侮り

●《憧れ》の対象は自分の願望を具象化した「お手本」

　自分ではとても手が出せない高価な車。仲良く幸せそうな家族の姿。目標にしている有能な上司。多くの聴衆から喝采を浴びているアーティスト——。

　私たちはさまざまな対象に《憧れ》を抱きます。この感情は、自分にとって簡単には手が届かない「理想」を実現している人や物に対して生じるものです。「好きだな」というレベルをはるかに超えた、強い《執着》と、《敬愛》の気持ちが含まれます。そして、あたかも自分がその理想を手に入れた気分になって《幸せ》《満足感》を感じたり、対象に《愛情》が湧いたり、《服従》を生じさせたりします。

　身近なポジティブ感情ではありますが、さまざまな要素が複合されてい

るため、ほかの感情に移行しやすいセンシティブな一面があります。

●「自己同一視した夢想状態」から抜け出し、成長に活かそう

《憧れ》は心地よく有益な感情なので、そのまま保持していても問題に発展することはありませんが、**感情マネジメントの観点からお勧めしたいのは、《憧れ》を自分の理想実現の原動力にすること**です。

特定の人物に《憧れ》を抱いた場合、その人は自分が理想を手に入れるための素晴らしい「お手本」であり「具現化した目標」になります。自分がその人になったかのようなうっとりした気分（自己同一視による夢想状態）を楽しんで終わらせてしまうのではなく、自己の成長に活かすことを考えるとよいでしょう。

《憧れ》を持つと、自然と「対比的感情」「模倣欲求」が生まれ、自分には何が足りないかを意識したり、《憧れ》の人の真似をする傾向がみられます。

これらを活用するのですが、ポイントは相手の見た目、振る舞い、口調などの「表面的」な部分を真似するのではなく、それらを生み出したものを洞察して見いだし、模倣することです。

たとえば、おおらかな振る舞いをする《憧れ》の上司がいた場合、その言動を模倣するのではなく、おおらかさを生み出した《自信》《共感性》《楽観性》、大局的なものの見方、《執着心》のコントロール力、精神的な安定感などを、自分なりのやり方で実現するよう意識します。

● 理想を裏切られると《嫌悪》《憎悪》になることも

アイドルや著名タレントをめぐる誹謗中傷の例をみるまでもなく、**《憧れ》という感情が《嫌悪》《憎悪》に転化しやすい**ことは、経験上よく知

第3章

認めたくないから気づけない！複雑にこじれた「複合感情」

95

られています。《愛情》《信頼》《憧れ》など相手への期待が大きいほど、それが失われたときの心理的衝撃は大きく、ときに感情が反転してしまうことがあるのです。

　もし《憧れ》が《嫌悪》や《憎悪》に変わってしまうような出来事があった場合は、「完璧な人など誰もいない」「見習いたい点だけ見習おう」と考えるとよいでしょう。そもそも自分が勝手にその人に理想を感じ崇めていたことが原因であり、自分の「見立て違い」だったともいえます。そのように**自責思考**の解釈をすれば、無駄に人を憎むこともありません。

●《憧れ》の対象と自分のギャップをどう埋めるか

　もう1つ覚えておきたいのは後述する感情、《嫉妬》との関連性です。**《憧れ》と《嫉妬》は、どちらも「羨ましい」という気持ちが根底にある感情ですが、非常に対照的です。**
《憧れ》は、相手と自分を同化的に見ているので、《賞賛》《好意》などポジティブな感情で構成されます。そして「自分もあの人のようになりたい」と感じ、自分自身を高めて近づこうという発展的な行動を促します。

　その一方、《嫉妬》は相手と自分を対比的に見て、その「格差」に着目しているので、《自尊心》を傷つけられます。そして《怒り》《敵意》《嫌悪》《悔しさ》などネガティブな感情を湧き上がらせ、「自分が手にしていないものをあの人が手にしていることが許せない」と感じます。それが「相手を引きずり下ろしたい」という欲求につながります。

　どちらも「相手と自分のギャップを縮めたい」と願っているのですが、その方法が《憧れ》では「自分を高めて近づこう」、《嫉妬》では「相手を引きずり下ろして近づけよう」という具合に対照的な表れ方をするのです。

　極めて不快な感情であり、不適切な行動を引き起こしがちな《嫉妬》に関しては、緩和するマネジメントをおこなうことが求められます。

> 複合感情

嫉妬 （不安＋恐れ＋怒りなど）

羨ましさ、妬ましさ、敗北感、惨めさなどが混然一体の敵対心。この怒りのエネルギーを向上心にシフトすることが鍵

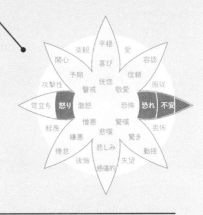

《嫉妬》とは

自分の理想や欲求をかなえている他者に対して生じる敵対的感情。パートナーの愛情に関する《嫉妬》については、本能的反応とされている。

| 類似感情 | 羨ましい／妬ましい／妬み／嫉み（そね）み／焼きもち／ライバル心／羨望 |
| 対義感情 | 憧れ／憧憬／共感／賞賛／羨望／無関心／無頓着 |

●「恋は盲目」状態と《嫉妬》は脳の同じ部位で生じる

《嫉妬》は非常に苦しい感情の1つです。

しばしば「どす黒い嫉妬心」「醜い嫉妬心」などと形容されますが、対象に対する《憎しみ》《恨み》《疑心暗鬼》《攻撃性》などが含まれた悪意ある感情です。そのため、自分が《嫉妬》を抱えていることを自覚すると、《罪悪感》《自己嫌悪》が生じるなどして、さらに感情は複雑、かつ不快なものに醸成されていきます。

<u>一般的に《嫉妬》は、本能的な心理的反応である場合と、社会生活の中で自分の価値観から生じる場合の2つがあります。</u>

<u>恋人などパートナーの愛情が奪われそうになったときに湧き起こるの</u>

は、本能的な反応としての《嫉妬》です。

　実際に、「恋愛中枢」とも呼ばれる恋愛をつかさどる脳の部位は、原始的な本能を担う「腹側被蓋野」と「尾状核」です。恋愛にのめりこむとこれらの部位が活性化して、理性をつかさどる前頭前野の働きを抑制してしまい、「恋は盲目」の状態に陥るのです。

　恋愛にまつわる《嫉妬》も、同じ部位が関連しています。そのため「《嫉妬》に狂った」と表現されるような、理性的でない行動をとってしまう傾向があるのです。

●「社会的《嫉妬》」を鎮めるには絶対的「自己評価」が効果的

　社会的な《嫉妬》は、自分より恵まれている人や優れている人に対して生じます。同じような状況でも《賞賛》《憧れ》を感じるケースもありますが、それらでなく《嫉妬》を感じる場合には、いくつかの条件があります。

　1つは相手が「心理的に近い存在」であることです。たとえば一般の人が、オリンピックに出場するようなトップアスリートに《嫉妬》することはありません。もう1つは、「相手の優越領域が自分に関係している」ことです。自分の知らない人が知らない会社で出世したとしても《嫉妬》の気持ちは湧きません。

　さらに重要な条件は「相手と自分の格差」に意識が強く向けられていることです。つまり《嫉妬》には、「他者との比較」「自己に関する相対評価」が根本にあります。

　相手が攻撃してきたわけでもないのに、自分の頭の中で「比較」しただけで、相手を憎み憤慨しているのです。相手にとっては迷惑なことですし、自分にとって有益なことも、何1つとしてありません。

　仮に「Aさんは自分より能力が劣っているのに、先に昇格したのは許せない」というケースがあったとして、腹を立てるべき相手は公正な昇格制

度をもうけていない会社や、正当な評価をしなかった上司、あるいはＡさんより能力を磨くことができなかった自分です。また「Ａさんは自分より能力が劣っている」という自分の判断そのものが誤っている可能性もあります。

　社会的な《嫉妬》が「無益な感情」と呼ばれる理由はここにあります。

　多くの場合、不合理な理由で筋違いの対象に感情を振り向け、不快な思いをしているのです。《嫉妬》を抱いているときは視野が狭くなって相手に執着しがちですが、自分自身の目標に意識を戻し、今より理想に近づく努力をしたほうが、ずっと自分を幸せにすることができます。

●「ズルい」「卑怯」という声は自信のなさと攻撃心の現れ

《嫉妬》は《攻撃性》《闘争心》をともなうパワフルな感情なので、しばしば「相手を引きずり下ろしたい」「非難したい」「悪者にしたい」という気持ちをかきたてます。

　そのため精神が未熟な子どもなどは、その思いを「ズルい」という言葉で相手にぶつけます。相手が卑怯な手段をとったわけではないと知っていながら、非難せずにはいられないのです。これは**《自信のなさ》と、自分の現状への《不満》、そして相手への《攻撃性》の現れ**です。

　一方、大人の場合は、あからさまに攻撃することは避けますが、やはり何らかのそれらしい理屈をつけて相手を非難することがあります。多くは相手のミスや欠点などを過大に評価して悪評を広めるなど、「正当な主張」と思える方法を無意識に選び、足を引っ張ります。

　そして相手が評価を落としたり、失敗したりすると「シャーデンフロイデ（Schadenfreude：他者の不幸を喜ぶ感情）」に浸るのです。「人の不幸は蜜の味」「いい気味」「メシウマ」というわけです。こういった行動は自分の評価と誇りを著しく傷つけるので、厳に控える必要があります。

> 複合感情

恥ずかしさ（嫌悪＋驚き＋恐れなど）

人生、恥をかく経験は避けられない。必要なのは上手な対処と、しなやかな回復力「レジリエンス」

《恥ずかしさ》とは

社会一般の価値観から外れるような行動や失敗をしたときに生じる、動揺した居心地の悪い心境。面目ないという思い。

類似感情 恥／羞恥心／不名誉／みっともない／外聞が悪い／いたたまれない／きまりが悪い／恥辱／汚辱

対義感情 誇り／自慢／自信に満ちた／自尊心／自尊感情／破廉恥／恥知らず

●《恥ずかしさ》はヒトだけが有する社会的感情

　日常で《恥ずかしさ》を感じるのは、おもに自分の失敗やみっともない姿などが他者の目にさらされたときです。
「会議で文書を読み上げているとき、漢字の読み方を間違えてしまった」
「友人の家にお邪魔した際、靴下の先が破れているのを見られてしまった」
など、周囲からの評価・信用・印象を「損なった」「失いかけている」という危機のサインといえるでしょう。心が動揺するだけでなく、顔が赤くなり、汗をかくなど身体反応が起きることもあります。
　また「恥ずかしさに身が縮む思い」「穴があったら入りたい」「身の置き場がない」という慣用句があるとおり、居心地が悪く、逃げ出したいような思いがともないます。

この感情は、**ヒトが社会的な存在であるからこそ生じるもので、動物にはみられない**と一般にはいわれています。ただしイヌ、サルなどについては、恥ずかしがっている様子、気まずそうにしている様子が観察されるという意見もあります。いずれにしても、**この種の《恥ずかしさ》には「他者の視線」が存在しています。**

● 日本人に強くみられる「規範にそむいた =《恥》」の概念

《恥ずかしさ》は、誰かに目撃されなくても心に湧くことがあります。また《恥》という概念としても存在します。

たとえば「自分に恥じる」という言葉があります。これは自分なりの信念や規範、理念にそむくようなおこないをしてしまった際に使われる言葉ですが、実際の感情としては《恥ずかしさ》というよりは、自分への《失望》《後悔》《落胆》などのほうが近いでしょう。

また「世間様に恥ずかしくないようにしなさい」という言葉もありますが、こちらは「社会の規範に沿った立派な人間であろう」という意味で、体面を気にして行動を自重するように促す言葉です。

このように**社会や自分自身の高い価値観にそむくことを《恥》と考え嫌うのは、日本人に伝統的にみられる精神性で、海外でもよく知られています。**

● 失敗体験を避けて大人になった「恥ずかしさに脆弱な人々」

《恥ずかしさ》は多くの場合、一時的なものですが、ときに《後悔》《自信喪失》《精神的萎縮》《自暴自棄》などの形で後を引くことがあります。

とくに現代では、**子ども時代に恥ずかしい経験や失敗体験をあまりしないまま成長してしまい、《恥ずかしさ》に対して脆弱な人々が増えています。**「学校で恥ずかしい経験をして、からかわれて以降、学校に行かなく

なってしまった」「会社で恥をかいた際にキレてしまった」など、恥ずかしい体験を過大に受け止めてダメージを負い、行動に影響をおよぼしてしまうのです。本来は子ども時代にさまざまな失敗を経験し、その場でどのように対処すればよいか、またその出来事をどのように受け止めればよいかを学び、精神的な**レジリエンス（ポッキリ折れないしなやかな強さ）**を身につけるべきなのです。

《恥ずかしさ》は後述する《屈辱感》と同様に、**現代の大人が対処法を身につけるべき感情**です。

● 恥体験をしたときには「恥ずかしがる」のが正解

《恥ずかしさ》《羞恥心》は、自分のイメージや評価、信用を失いかけた場面で生じる感情です。これらを守るためのアラート的な役割があります。では人前で恥ずかしい体験をしてしまった際、どのように振る舞えば、自分のイメージ、評価、信用の失墜を最小限にすることができるのでしょう？

　もっとも頻繁におこなわれ、しかも好ましくないパターンは「ごまかす」「隠す」ような振る舞いです。「なかったことにしたい」という思いからついおこなってしまいがちですが、すでに恥ずかしいことがさらされてしまっている段階では時すでに遅し、です。

　また、ごまかされると周囲の人々はその出来事に触れることができなくなります。本人もごまかしたことに《うしろめたさ》《不安》を感じるなど、ネガティブな感情が上乗せされていきます。

　そのような場面では**「恥ずかしい」という思いをストレートに表現してしまったほうがよい**でしょう。「なんて恥ずかしいことを」「これは恥ずかしい！」と言葉にして恥ずかしがれば、周囲の人々も笑い飛ばしてくれるなど温かいフォローが見込めます。また失敗を認める素直さも、好印象を残します。

> 複合感情

屈辱感 （嫌悪＋恐れ＋怒りなど）

悲しみ、怒り、羞恥心、劣等感、憎しみ、復讐心——。苦痛な感情の混沌状態をどう乗り切るか

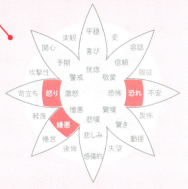

《屈辱感》とは

他者に屈服させられた、低い立場に追いやられたと感じ、大いに恥ずかしく悔しく思う気持ち。怒りや嫌悪を含む強い感情で、復讐したいという欲求を起こしやすい。

類似感情 恥辱／辱めを受ける／恨み／悔しさ／無念／不名誉
対義感情 栄誉／名誉／誇り／光栄／誉れ

● 相手の悪意や理不尽な言動が《憎悪》を強め《復讐心》を呼ぶ

《屈辱感》は、他者によって自分が低い位置に貶められたことが原因で引き起こされます。たんに悔しく恥ずかしい気持ちで心が弱っている状態ではなく、**強烈な《劣等感》を感じ、また自分をそのような目に遭わせた相手に対して《怒り》《憎しみ》をたぎらせている、エネルギッシュな感情**です。
「上司に自分の手柄を横取りされた」「好きな人の前でバカにされ恥をかかされた」など、屈辱感を喚起する出来事のほとんどは、相手の悪意ある言動か、尊重や配慮を欠いた言動です。そのため強い《憎悪》を生じ、それは容易に《復讐心》につながります。
　また「屈辱」と間違えられやすい言葉に「雪辱」がありますが、こちら

は「過去の恥や汚名を払拭すること」の意味で、「雪辱を果たす」などと使用します。同じことを「屈辱」を使って表現するときには「屈辱を晴らす」になります。

● 叱る人との関係性で生じる感情が異なる

大人になってからもっとも《屈辱感》を生じやすいのは職場です。社会に出て働くようになると、どうしても「叱られる場面」が出てきます。近年では部下への指導についてもコンプライアンスが重視され、「叱る」「怒る」のではなく「指摘する」「指導する」「アドバイスする」というスタイルが徹底され、言葉選びも慎重におこなわれるよう変化しています。それでも、自分のミスや能力不足、勤務姿勢などを否定されるという事実は変わりません。

また**子ども時代から「小さな失敗経験」を積み重ねてこなかった方は、《恥ずかしさ》と同じように、《屈辱感》に対しても脆弱**です。そのため、たとえ指導の言葉が繊細であっても、自分が否定されたことに敏感に反応して、《屈辱感》を生じてしまいます。上司や学校の指導教官など、上位の立場の人から叱責を受けたときにどのように感じるかは、一般的にその人の性格や思考の傾向によるものと考えられています。

しかし実際にはそれだけでなく、**「叱る人」との関係性や、「叱る人」に対する感情によっても、大きく左右される**ことがわかっています。《倦怠》《嫌悪》を感じている相手から叱られた場合は《屈辱感》が喚起され、機嫌を損ねたくない相手から叱られると《羞恥心》が生じ、好かれたい相手から叱られた場合は《罪悪感》が喚起されやすい傾向がみられます。

● 屈辱的体験をバネにする2つの秘訣

職場や学校などで能力不足を突きつけられ、《屈辱感》にさいなまれた

とき、もっとも大切なのは先へ進むことです。自分に低評価を押しつけた人を「罰したい」「復讐したい」など《恨み》に思うかもしれませんが、**自身の能力を高めることが、相手を罰しないポジティブな復讐になりますので、意識を「自分の将来」に振り向けましょう。**

ステップアップの1つの秘訣は、自分の「**賞賛獲得欲求**」に火をつける方法です。つまり「褒められたい」「認められたい」という気持ちを取り戻すとよいのですが、たとえば《屈辱感》をもたらした上司に「褒められたい」という気持ちにはなかなかなれません。そこで**「この人に認められたい」という別の人を選び、世間話のように気楽に事態を打ち明けます。その人が、その後の自分を見守ってくれていると思うと、賞賛獲得欲求が自然と高まります。**

もう1つの秘訣は、**事態が起きた原因を、部分的に他責（誰かのせい、何かのせい）に考え、強く《自己否定》する気持ちを手放すこと**です。《屈辱感》を抱いているということは、現状の自分について「ダメだ」と、他者からだけでなく自分からもレッテルを貼られている状態です。《自己否定》は、気持ちを前向きにして発展的な行動をとる上では、大きな障害になります。そこでこの状態から抜け出すため、「他責」の考え方を取り入れるのです。

「今回は忙しすぎたから失敗した。担務を減らして調整してくれなかった上司の責任でもある」「顧客が独特な人だったからうまく商談が進まなかった」「そもそも自分に下りてきた段階で無理な企画だった」など、他者に責任がある事柄を見つけ、「仕方ない」「自分のせいばかりではない」と言い聞かせ、気持ちを楽にします。

もちろん、ダメである原因を冷静に分析して、自分を向上させるためのヒントを見つけることは重要ですが、それだけではなく、部分的に他責にとらえて前向きな気持ちになり、自分を向上させる行動に踏み出すことも大切です。

> 複合感情

自尊心 （怒り＋喜び＋信頼など）

社会で成功するか、幸せな人生を実現できるか
――。それを決めるのはスキルではなく《自尊心》の高さ

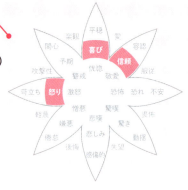

《自尊心》とは

自分を価値ある存在と認めて自信を持ち、尊重する気持ち。ほかからの干渉を排除したい気持ちが内包されている。

類似感情　自尊感情／誇り／プライド／矜持（きょうじ）／自負心／自己肯定感
対義感情　自己否定／卑下／卑屈／自信の喪失／劣等感／羞恥心

● **《自尊心》が高い人は離職率、欠勤率が低く、生産性が高い**

《自尊心》は多かれ少なかれ誰もが保有している感情で、ありのままの自分を長所・短所にかかわらず受け入れ、尊重する気持ちです。この意識が充分に育まれていると、自分自身を信頼するので、さまざまな事柄に前向きな姿勢で取り組むことができます。

心理学の研究では、**高い《自尊心》が確立されている人は、日常生活や学業、仕事において、満足感や成功、良好な人間関係などが得やすくなる**と示されています。

反対に**《自尊心》が低い人は、将来的な収入や仕事の雇用状況がよくない傾向がある**という研究報告もあります（この研究では、調査対象者の性別や、家庭の社会的・経済的地位、学校の成績などの影響が除外されています）。実際に、《自

尊心》が充分に備わっていない人は、失敗を恐れて自己防衛的な行動をとる傾向が強まるので、成長の機会を見送ってしまうようなことも多いでしょう。

ほかの特徴としては、自分を尊重できないだけでなく、他者を尊重することも困難になるので、人間関係において問題を抱えることも多いと見込まれます。

さらに《自尊心》が低いと、他者から否定的な評価を受けることを極端に嫌い、離職につながりやすいこと、それから職場での欠勤率が高く、生産性が低いことも指摘されています。自分の価値を認めているかどうかが、社会活動と人生に大きく関与しているのです。

● 主観的幸福度を決める「2つの《自尊心》」

《自尊心》には「顕在的自尊心」と「潜在的自尊心」の2つがあります。「顕在的自尊心」は自覚できる《自尊心》です。自分にはどのような長所があり、どのように価値ある人間で、自分のどのような面を誇りに思っているのかを、言語化して明確に表現することができます。

もう1つの「潜在的自尊心」は自覚不能な《自尊心》で、心の奥で自分を価値ある存在だと評価する心です。こちらは意識されませんが、知らず知らずのうち、私たちの言動に影響をおよぼします。

これら2つが両方とも高い人は、自分に適度な自信を持ち、意欲的で、困難にも強く、また社交的で幸福度も高い傾向がみられます。反対に両方とも低い場合は、自信の欠如から引っ込み思案になり、《不安》《怒り》《攻撃性》《恨み》を抱きやすく、主観的幸福度も顕著に低い傾向が認められています。

また、2つの《自尊心》がアンバランスなケースもめずらしくありません。「顕在的自尊心」が高いものの「潜在的自尊心」が低い人は非難、攻撃、苦境に弱く、普段から防衛的で、ちょっとした批判を受けても過剰に

反応してしまいます。反対のパターンでは、社会生活では一歩引いた謙虚な姿勢が目立つものの、心は自信で満たされており安定した精神状態です。

●《自尊心》を高める「小さな成功体験」の積み重ね

「自分に自信がなくて、誇れる気持ちになどなれない」という方も、《自尊心》を高めていくことはできます。

まず必要なのは、《見栄》や《虚栄心》を手放すことです。これらの感情は、他者からの評価を過剰に意識して、実際以上に自分を優れているように見せる態度です。他者との比較にとらわれて、自分をどんどん追い込んでしまいます。

そこで《見栄》《虚栄心》は捨て、夢・理想・目標を自分にとって適切なものに設定し直します。

誰もが大きな夢や理想を描きますが、一気に実現することは難しいでしょう。そこで大きな理想・目標の手前に、いくつかの小さな目標（マイルストン）を段階的に並べ、それを一つひとつクリアしながら先へとレベルアップしていく方法をとります。

またその目標も、臨機応変に変更する柔軟性を持ちましょう。新しい情報や新しい気づきを得たら、心の向くまま進路を変更します。そして自分に対する評価は、他者と比べるのではなく、「今の自分」と「過去の自分」を比べておこないます。

《自尊心》を高めるもう1つの方法は、日々、小さな成功体験を積み重ねることです。「少しうまくできたこと」「新たに気づいたこと」をノートに記録していき、1週間ごとに振り返ります。

大きな成功は実現していなくても、小さな成功が少しずつ広がっていく様子を確認することができます。

> 複合感情

劣等感 (悲しみ＋恐れ＋嫌悪＋怒りなど)

自信を失くし打ちのめされた状態を抜け出すには自己批判をして追い詰めるのではなく「評価方法」を変えてみよう

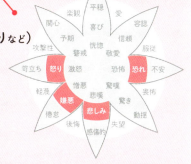

《劣等感》とは

「他者」あるいは「世間の価値基準」と自分を比べて、自分は劣っていると考え、悲しく無力に感じている気持ち。「現状の自分」と「理想の自分」を比べている場合もある。

類似感情　劣後感／劣弱意識／劣勢感／引け目を感じる／コンプレックス
対義感情　優越感／優越意識／自尊心／自負心／矜持／自信

●《劣等感》に心乱される人が比べている3つの対象

《劣等感》は**「自分は劣っている」と認識することから生じる感情**です。もっとも多いケースは、他者と自分との比較です。「自分のほうが、彼よりも成績が悪い」など、特定のポイントについて相対的な評価をおこなっています。

別のパターンは**「一般的な価値基準」に自分を照らし合わせて、「自分は世間のものさしでみると劣っている」と認識するもの**です。たとえば「スッキリ痩せているほうが美しい」という世間の価値基準に当てはめて、「太っている自分は劣っている」と思い込んでしまうものです。

いずれも根本には、《自己肯定感》の低さが存在しています。《自信》がなく、《不安》や《恐れ》《悲しみ》を抱えた状態で自分を何かと比べて低

く評価し、打ちのめされているのが《劣等感》という感情です。

　もう1つのパターンは少数派ですが、完璧主義者の方に多くみられます。**「自分が掲げた理想」と「現実」とを比べ、「まったく到達できていない」と認識し、そんな自分を悲しみつつ《自信》を失くしている状態**です。

　これらすべてのパターンにおいて、自己評価の仕方やその受け止め方に問題が生じています。

● 自分に対する評価方法を変えてみよう

《劣等感》に心を乱されているときは、**自分に対する評価方法を変えてみるとよい**でしょう。

《劣等感》を生み出している**「相対評価」**（「数学の試験で順位が2位」「100メートル走で1位」など）にも多々メリットがあるのですが、自分の努力・成果・満足感に意識が向かないというデメリットがあります。お勧めしたいのは、**「絶対評価」**と**「主観的評価」**です。

　社会的真実性を測る「相対評価」に対して、物理的真実性を測る「絶対評価」は、「自分」に視点を定め、目標の達成度を測るものです（「数学の試験で95点だった」「100メートルを10秒50で走れた」など）。

　たとえば「EQ（感情知能指数を伸ばす知識とトレーニングの体系）」の評価手法では、社会で成果を出す人の思考パターンや行動特性データをもとに8つの能力を選び出し、それを指標（コンピテンシー）として設定しています。そして「その人が現状、8つの中のどの能力が優れ、どの能力が不足しているか」「一定期間、改善策をおこなった結果、どの能力がどのくらい伸びたか」を自身で評価するものです。

　この方法は日常を思い起こしながらおこなう自己評価なので、《納得感》や《満足感》などの実感をともなった結果が得られます。これが一種の主

観的真実性の獲得となります（「数学の試験で難問が解けた。満足！」「これまででいちばん速く走れた。嬉しい！」など）。

「過去の自分」より成長しているという実感と満足の積み重ねは、**「自分への《信頼》（セルフ・コンフィデンス：Self-Confidence）」** を形成します。そしてこれがもっとも強固に自分を支えてくれるようになります。

● 直接補償、間接補償で《劣等感》を克服しよう

「自分は背が低い」「身体が弱い」「学歴に自信がない」「コミュニケーション能力が低い」「人間に面白味がない」「仕事の成績が低い」など、「自分は劣っている」という主観的判断は、さまざまな対象に下されます。

これを克服するには**「直接補償」「間接補償」**の2つの方法があります。たとえば**「学歴に自信がない」という《劣等感》がある場合、自分が満足するだけの学歴を取得し直して《劣等感》を跳ね返す方法が「直接補償」で、学歴に代わる価値ある資格や技能を習得することが「間接補償」になります。**

ほかの例でいえば「身体が弱い」という《劣等感》を、身体を鍛えて解消するのが「直接補償」、勉強や仕事、芸術活動などに励み、ほかのことで自信をつけるのが「間接補償」です。

《劣等感》の対象には、「直接補償」が難しいものも多々ありますが、「間接補償」ならさまざまな道が拓けると思います。ただし、「何で補償するか」の選択を誤ると、別の苦痛を生じることにもつながります。

たとえば「経済的に豊かではない」という《劣等感》を補償しようと考え、無理をして分不相応な高価なものを身につけたり、SNSでそれらをひけらかしたりするケースが挙げられます。《見栄》《虚栄心》からうわべの優越性を求めるのではなく、自分自身を高め、磨く方法を考えるとよいでしょう。

> 複合感情

罪悪感（喜び＋恐れ＋悲しみ＋嫌悪 など）

重苦しい心を軽くして前に進むには気まずい状況を放置せず「謝罪」「修復行動」に励むこと

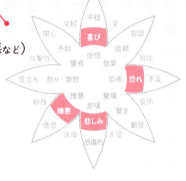

《罪悪感》とは

「自分は罪を犯した」「悪いおこないをした」と認識して、悔いるとともに悲しみ、恥ずかしく思い、打ちひしがれて弱っている気持ち。自己否定と「罪を償いたい」という贖罪の気持ちがともなう。

類似感情 自責の念／自罰感情／良心の呵責（かしゃく）／罪責感／罪の意識／悔悟／悔恨／負い目に感じる／うしろめたさ／後ろ暗い気持ち

対義感情 自尊心／満足感／誇り／矜持／自慢／自画自賛／我誉め／プライド

●《罪悪感》は自分の《良心》や人への《敬意》の現れ

　この感情は、「社会のルール」や「道徳的な規範」、あるいは「望ましい状態」から外れた行動をとってしまったときに、自分を責める気持ちです。

　決して大きなルールに反したときだけでなく、「趣味のチームスポーツでミスをして試合に負け、メンバーを落胆させてしまった」「待ち合わせの約束に遅れてしまった」「妻への連絡を忘れて迷惑をかけてしまった」など、日常的に起こります。

　そもそも《罪悪感》は、自分のおこないに意識を集中させ、「悪いことをしてしまった」と大いに反省し、「同じ過ちを繰り返さないようにしよ

う」と行動を修正させるための有益な感情です。その根底には「正しいおこない、善きおこないをしたい」「相手を尊重したい」「喜ばせたい」という、いたって健全な思いがあります。

しかし**本人にとって非常につらい感情なので、スムーズに「反省」→「行動修正」というプロセスを進むことができず、後々まで苦しむケースが多くみられます。**

●《自罰意識》《抑うつ》への悪化と「逆ギレ」に要注意

《罪悪感》を抱えた心を放置しておくと、抑うつ状態、人間関係の悪化などにつながる可能性もあります。自分の誤ったおこないや、その結果として起きた出来事について、何度も繰り返し思い返していると、気持ちは晴れません。

また「大きな罪を犯してしまった」という意識が強い場合、自罰感情が高まって「自分のような人間が幸せになってはいけない」「自分は罰を受けるべき人間だ」と、心の奥で思い込み、楽しいことから遠ざかってしまうケースもあるのです。

ほかのパターンとしては「過去の出来事を思い出したくない」という思いと、「迷惑をかけてしまった人に合わせる顔がない」「再び同じ過ちを繰り返してしまったら耐えられない」という思いから、関係者との接触を避けたり、人々から孤立してしまうケースもみられます。

この状態はしばしば、似て非なる感情である《羞恥心》と比較されます。

心理学の知識では、**《羞恥心》は失敗の原因を「自分自身」と受け止めるのに対して、《罪悪感》は失敗の原因を自分の「行為」と受け止める、とされています。そのため《羞恥心》の場合は「自分自身」の存在をかき消したいという気持ちが湧く一方、《罪悪感》の場合はおこなってしまっ**

113

た「行為」を取り消したい、繰り返したくない、自分からも他者からもその記憶を消したい、という気持ちを抱くのです。

　もう1つの心配な状態は、《罪悪感》を抱えているのがあまりにもつらいので、その感情を否定するため「自分は悪くない」と無理やりに自分を正当化したり、他者を責めてしまったりするケースです。いわゆる「詭弁による自己弁護」、あるいは「逆ギレ」なのですが、これは「申し訳ない」という思いの、非常に未熟な「裏返し的表現」です。

　このような行動に走ると、さらなる《罪悪感》を抱え、悪循環が生じてしまいます。

● 解消するには謝罪・修復行動が効果的、「気まずいまま」で放置しない

《罪悪感》は日常生活を送る中、時間とともに薄れていくこともありますが、自分のためにも関わった人のためにも、積極的に心理的ケア、社会的ケアをおこなうとよいでしょう。

　もっとも重要なのは、社会的ケアの「謝罪」と「修復行動」です。

　事が起きた際にちゃんと謝罪していたとしても、自分に気まずい思いが残っているなら相手のところに行き、自分からその話を蒸し返して、もういちど謝罪します。相手の負担にならないよう暗い表情はせず、引き締まった態度で（場合によっては明るく）、反省の弁と今後どう自分を改めるか短く添えます。

　また相手との関係性によっては、迷惑をかけたお詫びとして手伝いを申し出たり、お詫びのしるしとして差し入れをするなどの心配りをおこなうのもよいでしょう。

　こうした接触が、過去の嫌な出来事の記憶や印象を上書きしていきます。

> 複合感情

不満 （悲しみ＋嫌悪＋驚き＋予期など）

他者への「こじれた不満」の解消法は文句・非難を封印した好意的なコミュニケーション

《不満》とは

自分自身の現状、あるいは他者に関する欲求が満たされず、「納得できない」「受け入れられない」「もの足りない」と感じ、さらに欲求を強くするとともに、淋しさや怒り、悲しみを感じている心。

類似感情 不満足／不服／欲求／要求／不平不満／欲求不満／難色／文句／フラストレーション

対義感情 満足／満ち足りた思い／心満意足／充分／申し分ない／本望

● 現代の《不満》はこじれている

　この感情は「望んだものが手に入れられていない」というサインで、それを獲得するための行動を促しています。
《不満》を向ける対象はおもに2つ挙げられ、1つは **「自分の現状」**、もう1つは **「他者」** です。この2つの対象に関する、ありとあらゆる事柄が《不満》の原因になります。
　自分に向けられている場合は「恋人が欲しいのにできない」「自分ばっかり面倒な仕事を押しつけられて不公平」「本当は医療職に就きたかったのに、どうして今こんな仕事をやっているんだろう」など。
　もう1つの他者に向けられる《不満》も、「評判の高級レストランに行ったけれどサービスが悪かった」「子どもにもっと勉強を頑張ってもらいた

いのに遊んでばかり」「恋人が自分との時間をつくってくれない」など、日常のちょっとした出来事から人生の理想と現実まで、あらゆる事柄が《不満》の種になります。

　人間の活動は基本的に欲求にもとづいておこなわれるため、私たちの人生は自然と《不満》がたくさん生じます。赤ちゃんの頃は、「お腹が空いた」「暑い」「寒い」「怖いから助けて」「痛いから助けて」など、生存のための欲求と、快適さを求める欲求にほぼ限定されています。

　しかし成長するにつれ、欲求も《不満》も複雑化していきます。さらに現代社会の複雑さや曖昧さ、価値観の多様化が拍車をかけ、気がつくと「正体不明の漠然とした《不満》を感じている」「つねに不平、不満を口にしている」など、好ましくない状態に陥ってしまうことがあるのです。

● 他者への《不満》は能動的なコミュニケーションで最小化

「つねに不平、不満があって不快」「苦しい」という方は、体験の**インプット**と**アウトプット**に問題がないか、両方をチェックしてみるとよいでしょう。

　インプットについては、**自分の物事のとらえ方や考え方に癖がないか（「認知」にゆがみがないか）を確認します**（151ページ）。認知のゆがみによって、本来なら《不満》に思う必要がない場面でも《不満》に思ってしまうケースはめずらしくありません。

　またアウトプットは**「その体験を受けて自分がどのように行動するか」ということ**です。

　他者に対して《不満》が生じたときは、「気にするべきか、気にしないでいるべきか」を自分で明確に決めます。そして《不満》の原因となった出来事について「どうしてそれが起こったのか」「自分に原因や、防ぐ方

法はなかったのか」「相手ではなく自分の工夫で問題を解消する方法はないか」を考えます。その結果、もし相手に《不満》を打ち明ける際には、《非難》《文句》の形ではなく、自分の《希望》《提案》などの形でコミュニケーションをとります。

●「人生への漠然とした《不満》」を、「今のいい気分」が解消する

中には「人生に漠然とした《不満》を感じる」という方もいらっしゃると思います。

その場合は**「そもそも理想の人生はどのようなものだったか」を分解して考えていくと、自分が人生に抱いていた、たくさんの具体的な望みを再認識する**ことができます。その分解された小さな理想の中から、実現できそうなものを目標として目指すなど、目標の立て直しをするとよいでしょう。

もう1つの提案は**「今の自分を《いい気分》にする」**。

少し奇妙に思えるかもしれませんが、心理学では**「そのときの気分と、幸福感は一致する」**とされています。自分に小さな喜びを与えて今の気分をよくすることで、自分の人生に対する見方がポジティブになり、幸福感がアップするのです。

悶々と悩む気持ちが薄れてくれれば、人生に対する発展的なものの見方ができるようになるでしょう。

第3章 認めたくないから気づけない！ 複雑にこじれた「複合感情」

117

`複合感情`

孤独感 （悲しみ＋嫌悪＋恐れなど）

誰かと一緒にいても孤独——。そんな人に必要なのは完璧主義を手放した気楽な心

《孤独感》とは

その人が望んでいるような社会的つながりや人間関係を持てていないことで生じる、ほの悲しく淋しい思い。

類似感情　孤立感／疎外感／寄る辺なさ／居場所がない気持ち／淋しさ／寂寥（せきりょう）感／空虚感

対義感情　連帯感／連帯意識／仲間意識／満足感／充足感

● 生存のために発生した《孤独感》という感情

　動物の一種としてみると、ヒトは出生してからひとりで生きていけるようになるまで、かなり長い年月がかかります。それまでの間は、誰かほかの人の世話にならなければ命を保持することができません。ヒトは生まれながらに「他者を必要としている存在」なのです。

　またホモサピエンス時代から中世を迎える頃まで、ヒトは多産多死、つまり多くの人々が老衰を待たず、病気やケガで亡くなっていく社会でした。親を亡くしたり、夫や妻を亡くしたり、家族だけで生活を営むことが困難な状況が多く、コミュニティを形成して助け合って暮らしていく必要があったのです。

　そういった環境下では、《孤独感》という感情が有益に働いたことが容

易に想像されます。

「ひとりでいるのが淋しい」という《孤独感》は不快でつらい感情ですが、だからこそ人はその苦痛から逃れようとして、人間関係を求める行動に駆り立てられるのです。《孤独感》は本来、そういった目的で発生した本能的な感情だと考えられています。

● 孤独な環境でも《孤独感》と無縁な人々

しばしば混同されがちですが「孤独である」という状況 (solitude) と、《孤独感》という感情 (loneliness) は分けて考える必要があります。

人は誰でも孤独な状況にあれば、多かれ少なかれ《孤独感》を覚えるものかというと、決してそうではありません。たとえば世の中には「ひとりでいるのはつまらない」「心細い」「淋しい」など孤独な状況を嫌う人もいれば、「ひとりは快適」「むしろひとりの時間が充分にとれない暮らしは無理」というように、孤独な状況を愛する人もいます。そして前者の人々は《孤独感》に襲われるかもしれませんが、後者の人々に《孤独感》が生じることはまずありません。

つまり《孤独感》は、その人が人々と関わりたいと願う「願望レベル」に対して、実際の「達成レベル」が低い場合に生じます。

● 孤独な環境ではないのに《孤独感》にさいなまれる人々

もう1つ別の見方をしておきましょう。

《孤独感》は孤独な環境下でのみ生じるわけではありません。

たとえば家族や友人など、人々に囲まれた賑やかな環境の中でも《孤独感》にさいなまれるケースがあります。このような場合は、「自分は理解されていない」「彼らと共感することはできない」「わかり合える仲間ではない」という思いがあります。

つまり環境は賑やかでも、心が孤独なのです。このような感情は《疎外感》の一種といえるでしょう。

　近年、**《孤独感》でつらい思いをしている人々には、圧倒的にこのタイプが多くみられます。**「会社の同僚とは関係良好だし、連絡を取り合う友人もいるけれど《孤独感》がある」「結婚して家族がいるけれど、家にいても《孤独感》を覚える」など、人とのつながりはあるけれど淋しいと感じているケースです。そのような場合、相手とのつながりに完璧を求めすぎている傾向がみられます。**深く理解し合える理想の関係を思い描き、それがかなわない人々との交流を虚しく感じている**のです。

　理想を追い求めるのもよいですが、期待値を少し下げ、完璧には理解し合えなくても一緒に楽しい時間を過ごしたり、思いやりの声を掛け合える関係をありがたく思い、楽しんでみてはいかがでしょう。

●「孤独な時間」を楽しむことに目を向けよう

　これは社会通念の問題ですが、かつては外食や旅行、レジャーなどをひとりでおこなうのは「体裁が悪い」と考えられることが一般的でした。

　とくに女性がひとりで外食をする「ぼっち飯」や、お酒を飲む「ひとり呑み」については、本人がその状況を淋しく感じているか否かにかかわらず、ネガティブなとらえられ方をされることが多かったのです。当人も「気の毒に思われているよう」「居心地が悪い」など人目が気になる環境だったと思います。

　しかし幸いなことに、現在では1つの行動スタイルとして認知され、**「おひとりさま」**を対象にしたサービスも支持されています。

　孤独な時間には、思索にふけったり、人間関係の疲れを癒したり、趣味に没頭するなど価値ある使い道があります。**「ひとりでしか味わえないことを楽しもう」**という積極的な視点を持ち、孤独に過ごすのもよいでしょう。

`複合感情`

承認欲求 （喜び＋恐れ＋予期など）

衝動に振り回され極端な行動をとる「承認欲求モンスター」。心の底にあるのは不安と快感への耽溺

《承認欲求》とは

「他者から認められたい」と強く望む気持ち。実際には他者から認められた結果として、自分自身を価値ある存在だと確認することを求めている。

`類似感情` 自己顕示欲／尊重欲求／自己主張欲求

`対義感情` 自己充足／謙虚／謙遜

●「承認欲求モンスター」はいかにして生まれるのか

《承認欲求》は、「自分を気にかけてほしい、かまってほしい」「自分を理解し、共感してほしい」「肯定してほしい」「努力や苦しみをわかってほしい」「高く評価して、褒めてほしい」という強い願いです。この《承認欲求》を満たすために、自分をより大きく見せようとするのが《自己顕示欲》です。

　また**《承認欲求》が非常に強い人は、《自信》がない場合と、反対に過剰な《自信》を持っている場合の両方があります。**

　《自信》がないケースでは、それを埋め合わせるために他者の承認が必要になります。「私が、私が」と注目を求めて強く自己主張したり甘えたり

し、ときに極端な行動をとって人目を惹こうとすることもあります。現在ではしばしばSNSがその舞台となっていますが、「かまってちゃん」などの言葉で揶揄されるのは、そういったケースが多いでしょう。

反対に《自信過剰》な場合は、「こんなに素晴らしい私を人々に見せたい」「賞賛を浴びたい」「皆も楽しんでくれるに違いない」「自分は大きな成功をつかめる」という思いがあります。こちらも度が過ぎると「承認欲求モンスター」になる可能性があります。

他者から《承認》《賞賛》されるという刺激は大きな快感をもたらすので、それに溺れてしまいやすいのです。

いずれのパターンでも、《自信》という自己評価に幾分、ゆがみが生じている可能性があります。そのような状態では自分の言動を客観視することができず、言動を適切に自重することが難しくなってしまいます。

とはいえ、《承認欲求》は決して悪いものではありません。

●「人間の基本的欲求」のステップを上がっていこう

《承認欲求》という言葉が一般に広まったのは、アメリカの心理学者、アブラハム・マズローが提唱した「欲求段階説」によるものです。これは人間の基本的欲求を5段階に分類したものです。

1. **生理的欲求**：食事、排泄、睡眠など、生命を維持するために必要な欲求
2. **安全欲求**：何者にも脅かされることなく、安心して生活したいという欲求
3. **所属と愛の欲求**：集団に属したい、仲間から愛情を受けたいという欲求
4. **承認欲求**：他者から独立した存在として認められ、敬意を受けたいという欲求

⑤ **自己実現欲求**：能力を最大限に発揮し、自らを成長させながら自他を幸せにしたいという欲求

　この説では、もっとも根本にある①「生理的欲求」が満たされると次の段階の②「安全欲求」を求めるといったように、低次の欲求が満たされると次の段階の欲求を求めるとされています。今の日本では生命の危険にさらされる場面が日常的にあるわけではなく、ほとんどの人は①「生理的欲求」、②「安全欲求」が満たされています。そのため大多数の方は、③「所属と愛の欲求」、④「承認欲求」、⑤「自己実現欲求」を求めています。

　またマズローは、**④「承認欲求」までを「欠乏欲求」として、これらの欲求が満たされないと、人は《不安》や《緊張》を感じる**と述べています。

　1つ覚えておきたいのは、マズローの5段階の《承認欲求》は、**他者に求める欲求とされていますが、実際に人々が求めているもの、満たすべきものは「自己承認」、つまり自分自身に認められ、自分自身に誇れる自分になること**です。

　この真の目的を意識することができていれば、《承認欲求》のコントロールも容易になるでしょう。

● 強すぎる《承認欲求》をマネジメントする2つの方法

《承認欲求》が過剰な場合、本人にはさまざまな苦痛がともないます。

　度を過ぎて自分を誇示したり甘えたりするので、周囲の人々から疎ましく思われて交流を避けられたり、SNSでイイネが欲しいため旅行やレストランに出かけて散財してしまったりというケースは頻繁にみられます。

　また《承認欲求》が強い人は、他者からの批判にも過敏なため、批判コメントや「SNSのフォロワー数が減った」「イイネが少ない」などの現象

を過大に受け止めてダメージを負います。

この苦しい状況から抜けるには、あらゆる行動をとる際に「内発的モチベーション」を意識することが有効です。

モチベーションには内発的なものと外発的なものがありますが、《承認欲求》が強い人は「外発的モチベーション」にしたがって行動しています。たとえば「人々に認められたいから行動する」「異性にモテたいから行動する」「社会的に評価されたいから行動する」「報酬（イイネ）がもらえるから行動する」などです。その行動の成果も、「他者がどのように反応したか」で測られるので、非常に不安定です。

その一方「内発的モチベーション」は「楽しそうだから行動する」「自分のためになるから行動する」など、自分の心の欲求をもとに行動するので、成果も「楽しかったからOK！」「頑張ったからOK！」という具合に、他者に依存しません。この視点を取り入れることで、他者評価を偏重していた習慣を、少しずつ修正していくことができます。

●「奥ゆかしい人」も時には積極的な自己アピールを試みよう

世の中には《承認欲求》が非常に低い、控えめな人々が存在します。「自分のことをPRするような真似なんて、とんでもない」という奥ゆかしい人、「そもそも他者に興味がないのでよく評価してもらおうと思わない」という人など、背景はさまざまです。

マズローのモデルでみても、すでに《承認欲求》の段階を卒業していて「眼中にない」というケースもありますし、まだその段階まで到達していない場合もあります。いずれにしても《承認欲求》は自己PRをしようという意欲なので、社会において必要な場面も多々あります。

つねに避けてしまうのではなく、ここぞという場面では自分らしくアピールするよう心構えをしておくことをお勧めします。

複合感情

優越感（怒り＋信頼＋喜びなど）

優越感との上手なつきあい方は「味わったら執着せず、満足して手放す」こと

《優越感》とは

能力や社会的立場など、なんらかのパラメーターで自分が他者よりも優れていると感じ、満足と喜びを感じる心。これを求める《優越欲求》は一般的にみられる基本的な欲求の1つ。

類似感情 優越意識／勝利感／エリート意識／自尊／自負／自信
対義感情 劣等感／劣弱意識／劣勢感／引け目／負い目／コンプレックス

●《優越感》には浸りすぎない、慢心しない、マウント禁止

《優越感》は他者との相対評価によって自分の優位性を認識し、それを喜んでいる気持ちです。
「優越感を抱く」と聞くと、よいイメージを持たない方があるかもしれませんが、これ自体は自然かつ有益な感情です。
　そもそも競争は、《向上心》や《意欲》を刺激する、とても素朴な方法です。その結果、手にした「自分は優れている」という勝利の喜びは、さらなる向上の推進力になります。重要なのは《優越感》に浸りすぎないこと、慢心して努力を怠らないこと、他者に対してマウントをとるなど優位性を高圧的にひけらかさないことです。
　《優越感》との適切なつきあい方は、「味わったら執着せず、満足して手

放す」。意識を先へ進め、さらに自分を高めていくことに集中します。

　そもそも他者との競争や相対比較は、「子ども時代」や「その道の初心者」の段階において効果的な手法です。トップアスリートがインタビュー時にしばしば口にする「自分との闘いです」という言葉が示すとおり、どのような活動においても、能力を高めた人々にとって役立つのは、自分との競争にほかなりません。

　また《優越感》を求める気持ちを「優越欲求」と呼びますが、この欲求は**自分の価値を認識して、《喜び》《満足》というポジティブな感情を成長への推進力にするために備わっています。**

　いつまでも過去の栄光、過去の満足に心地よく浸らず、「優越欲求」本来の目的に沿う前向きな行動をお勧めします。

● 人が《優越感》に執着する理由は「自信の欠如」と「快感」

《優越感》を抱く対象は、自分が努力して手に入れたものとは限りません。自分の生まれながらの容姿、育った家庭、親の社会的地位、受け継いだ資産などについて《優越感》を持つこともあるでしょう。

　その場合は恵まれたことに感謝して、それらの幸せを享受し、自分自身に気持ちを向けます。

　とくに、これらについて他者に自慢し高飛車な態度をとってしまうと、「はしたない」「高慢だ」「上品な態度ではない」と《嫌悪》の対象にもなります。

　では《優越感》に執着する心は一体、何が生み出しているのでしょう？
　もっとも高い可能性は、**《自信》の欠如**です。《自己肯定感》《自己効力感》《自尊心》の欠如と言い換えることもできます。**表面的には自信満々に見える人でも、《優越欲求》が高いのであれば、その人は心の内面で**

「本当の自信」を確立していない可能性が高いといえるでしょう。

そもそも「優越コンプレックス」は、「劣等コンプレックス」による苦痛から解放されようとして生じていると考えられています。つまり「自分は劣っている」と認めることがつらいので、「そうではない」と示すため、他者に勝る部分を強引につくり出すなどして、「自分は優れている」「大丈夫だ」と《安心》しているのです。

さらに、自分で優越性を確認するだけでは《不安》なので、他者にも認めさせようとします。他者の年収や仕事の成果や学歴などを無遠慮に聞き出し、自分のほうが勝っていると誇示して勝ち誇ります。そうまでしないと《安心》できないほど、その人は自分という存在に《自信》がないのです。

「本当の自信」を持っている人は、優越性に執着しません。自分のことを信頼しているので、「他者と比べて自分が優れているのか劣っているのか」など、ほとんど気にならないのです。「本当の自信」というものは、自分の社会的地位、肩書、裕福さを示す高価な車や宝飾品などすべてを失くしても、基本的には揺らぐことがありません。

裸ひとつになっても失われない、自分なりの知識や技術、経験から得た知恵、豊かな心に価値を認めているからです。

《優越感》に耽溺してしまうもう1つの理由として、**快感の虜になっている**ことが考えられます。
「自分はあの人に勝った！」「特別な存在だ！」という勝ち誇った《喜び》は、強い興奮をともない、脳内では快感をもたらす神経伝達物質が放出されます。この快感を求めて、繰り返し人前で自分を誇るなど、未熟な表現をしてしまうことがあるのです。

この状態がさらに進行すると《優越感》は《万能感》《自己過大評価》に肥大し、問題行動も増えていきます。《優越感》は味わったら手放し、先へ進むものと心得ておきましょう。

> 複合感情

孤独欲 （喜び＋恐れ＋嫌悪 など）

孤独を愛する現代人が増えている理由は心の疲労、依存心の欠如、そして日本人の精神性

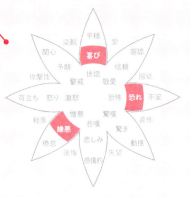

《孤独欲》とは

孤独な環境に安心や心地よさを覚え、その状態に身を置くことを強く欲する気持ち。

類似感情 孤高を保つ／孤立を望む／ぼっち志向
対義感情 孤独感／孤立感／疎外感／寄る辺なさ／淋しさ／寂寥感／空虚感

● 近年、増加している《孤独欲》を抱く人々

《孤独欲》は時代を反映して近年、増加傾向がみられる感情といわれています。ひとりぼっちの環境を苦痛に思うどころか「安心する」「快適」「これが本来あるべき状態だ」と感じ、孤独な環境を強く求める心の状態です。

こういった欲求を抱くこと自体は決して病的なものではなく、多くの人々において気疲れしたときなど一時的に生じます。実際に、世界134か国に暮らす1万8000人を対象とした調査研究では、半数の人々が「休息のために重要な行動」として孤独を挙げています。

人間関係のわずらわしさから離れて心を休めるため、現代人には必要なことであるのかもしれません。

内向性が強い日本人が孤独を好むのは自然なこと

《孤独欲》を持つ人々が日本に多くみられる理由は、長年続く経済的不況の影響などで人々が活気を失い、心身ともに疲れているせいだと指摘する声がある一方、「心の内向性はもともと日本人に多くみられる性質だ」という指摘もあります。ここでいう「内向性」とは、自分の外部よりも内面の思考、感情に意識を強く向ける傾向のことです。

そのため学究活動や創造的活動、技術の熟練などに向いています。

内向性が強い人は、「集中力を長時間、持続させることができる」「熟考することを好む」「変化を嫌う」「決断は早くなく、じっくり考えてから決める」「周囲からの注目を求めない」などの特徴があります。

人間関係に関する傾向についても特徴的です。外向的な人は大勢でわいわい楽しく会話することを好みますが、内向的な人は1対1で対話することを好みます。また外向的な人は人と広く浅くつきあうことを好みますが、内向的な人は狭く、深くつきあいたがります。そして外向的な人は社交活動によってエネルギーをチャージしますが、内向的な人は、ひとりになることによってエネルギーをチャージするのです。

「ひとりぼっちの環境」は健康に悪い

「孤独」は健康分野において《悲嘆》と並んで悪名の高い存在です。
「孤独は糖尿病の発症リスクを2倍に高める」「慢性的に孤独である人は1.83倍、死亡率が高い」「孤独を解消すると、禁煙と同じくらい生存率が上がり、肥満の解消・運動不足の解消よりも影響が大きい」など、「孤独な環境」が身体に悪いという研究例は数えきれないほど存在します。

これは孤独な環境にある人々の行動傾向が不健康であることを示しているので、「自分は孤独だけれどつらくない」「楽しんでいる」という方も、

健康的なライフスタイルをキープするよう心がけましょう。

　また《孤独欲》に流され、人とのコミュニケーションを極端に避けた生活を長く送っていると、精神面で《頑固さ》や《自己中心性》が強くなったり、人との接触を《不安》に思うようになったり、何かのきっかけで引きこもるようになるケースもあります。**いかに孤独を愛していても、適度な社会性は維持したい**ところです。

● ヘルシーに孤独を楽しむ秘訣は「社会的栄養の摂取」

　孤独な生活による健康リスク減少のため、カンザス大学のジェフリー・ホール教授が提唱しているのは**「社会的栄養の摂取」**です。

　健やかで幸せな状態、ウェル・ビーイングを維持するには、身体の栄養、心の栄養とともに、社会的な栄養を摂取することが必要だという考えです。ここでいう**社会的栄養とは、人々との交流**を指しています。

　ホール教授は、食事、運動、仕事などと同じように、人々との交流を毎日のルーティンとしておこなうべきだとしています。まずは家族、友人、仕事仲間、近所の人々、顔なじみの商店の人などの中から、ストレスフリーで接することができる人々をピックアップし、彼らを中心に**1日5回のコミュニケーションを自分に課すこと**を勧めています。

　ちなみに孤独な環境による疾患を防ぐためには、スマートフォンやタブレット、PCなどの電子端末越しではなく、**顔を直接合わせる形のコミュニケーションが最適**だということも、研究で明らかになっています。その次によいツールは電話です。

　そこで、できるだけ対面あるいは電話で「有意義な話」「積もる話」「冗談」「不安の吐露、思いやりの伝達」をおこなうことで、社会的な栄養が摂取できると説いています。孤独を好む方にとってはとくに、ライフスタイルに取り入れたい習慣です。

複合感情

自己犠牲心 <small>(恐れ＋嫌悪＋悲しみ＋予期など)</small>

「善行」「美談」「ヒーロー的行為」と称賛されがちな自己犠牲。行きすぎた《自虐》と《自己卑下》に要注意

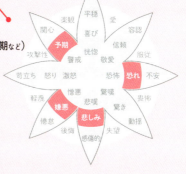

《自己犠牲心》とは

他者、あるいは何かの目的のために、自分の利益を放棄し、また損害を受け入れ尽力しようと欲求する心。愛情や善良な心の発露である場合もあるが、自信のなさや不安などから習慣的に抱くケースは問題につながる

類似感情 犠牲的精神／利他心／献身性／殉教者精神／滅私奉公

対義感情 利己心／自己中心的／独善的／独り善がり／我欲的

● 誤った思い込みによって自分を犠牲にしすぎる人々

　行為としての「自己犠牲」は、自分の意思や欲求、幸せを後回しにして、誰かのため、何かのために尽くすことです。自分が損することをいとわず労力・時間・金銭などを費やし、あるいは欲しいものを譲ったり我慢したりし、ときに人生さえも捧げてしまうことがあります。

　特定の人々は、自分が献身できる機会に遭遇したとき、反射的に「自分が我慢しよう」「苦労を担おう」「犠牲になろう」という気持ちを生じさせるのですが、これが感情としての《自己犠牲心》です。

　たいていの場合、本人は「これが当たり前のこと」「正しい選択」「善きおこない」と思っています。しかし実際には、**誤解や思い込みなど認知のゆがみによってそのように考えているだけで、正しい献身、奉仕ではない**

第3章 認めたくないから気づけない！複雑にこじれた「複合感情」

131

ケースが少なくありません。

　そのため「自分を犠牲にしてはいけない場面で犠牲にしてしまう」「限度を超えて犠牲になってしまう」ということが起こります。これは健全な在り方ではないので、いつしか心身をすり減らし、《不満》《落胆》《失望》《虚無感》《恨み》などにさいなまれることがあるのです。

● モヤモヤするのは犠牲のキャパシティを超えているサイン

「職場で、自分ばかり面倒な仕事を押しつけられる。その割に評価されない」「恋人に尽くしているのに、少しも大切にしてもらえない」「地域活動やPTAでいつも役職を任されるけれど、協力も感謝もしてもらえない」そんなふうにモヤモヤとした気持ちを抱えているとしたら、それは自分のキャパシティを超えた自己犠牲を払っているサインです。

　本人も苦痛を自覚するので問題だと察するのですが、なかなか自己犠牲から身を引くことができません。**理由の1つは献身することでさまざまな報酬がもらえること、もう1つは「これが正しいおこない」「こうするべき」という本人の思い込みが頑なであること**です。

　自分のことをかえりみず誰かに献身すると、相手に喜んでもらえたり、頼りにしてもらえたり、ときには褒められます。自分に自信がない人の場合はとくに、こういった承認を強く欲しているので、手っ取り早く自分の価値を確認でき、好意的な対応をしてもらえる「自己犠牲的な行為」に走ります。

　しかしそれで一瞬の満足は得られますが、次第に献身することに疲れたり、相手からの評価や好意、感謝の表現が足りないと《不満》に思ったり、《恨み》に思ったり、ネガティブな感情が湧いてきます。

　また、こういった態度が周囲の人々との関係を歪にすることもあります。いつの間にか隷属的な立場に置かれ、利用されたり、付け入られたり、ということが起こりがちなのです。

132

自己犠牲をやめられないもう1つの理由、「自己犠牲に関する誤った思い込み」は、多かれ少なかれ、誰もが抱いているものかもしれません。

● 他者よりもまず「自分に尽くす責任」を果たそう

　自己犠牲の行為は、一般的に「献身的な美しいおこない」「ヒーロー的な行為」とみなされがちです。確かに自分のことを差し置いてでも他者を優先する精神は美しいことのようにも思えますが、必ずしもそうとばかりはいえません。バランスを欠いて自分自身を粗末にあつかうことは、誰にとっても健全なことではないのです。

　人がもっとも責任を持たなくてはならないのは、自分の命を守り、心身を健康に育み、自分を幸せにすることです。他者ばかりを尊重して自分自身をないがしろにする自虐的な姿勢は、正しい生き方とはいえません。また、そのような生き方をしていると、自分を苦しめるばかりか、遅かれ早かれ心身を疲弊させ、人を助けることが難しい状況になってしまうでしょう。ところがこの点について誤解し、頑なに「献身するべき」と思ってしまう人々が少なくないのです。

　大規模な事故や災害が生じた際、政府主導で生き残った人々に対する心のケアがおこなわれますが、しばしば「自分は誰かを助けられたかもしれないのに、何もできなかった」と苦悩するケースがみられます。その方々には「危険を冒さなかったことで、自分というひとりの命を守った」「あなた自身の命が守られたことで、家族の幸せも守った」「誰かの命と同様に、あなたの命も尊いものです」ということを、時間をかけて理解してもらうプログラムがおこなわれます。

　別の視点から見ると、こういった認知修正プログラムが必要なほど「自分を投げ出してでも他者のためになることが正しい」という思い込みが強いのです。

　世間では、ときおり命をかけた人助けの成功例を美談として称賛する

第3章 認めたくないから気づけない！複雑にこじれた「複合感情」

133

ニュースが流れます。これは本当に素晴らしいことなのですが、**自己犠牲を、どのような場合においても尊いものと誤解しないよう注意することが重要です。**自分を粗末にあつかうことは、他者を粗末にあつかうのと同等か、それ以上に罪なことであるかもしれません。

● 過度な「自己犠牲」癖を手放す習慣

「尽くしていることがつらい」「（感謝などの）報酬がないことがつらい」という感覚は、自分を犠牲にしすぎている重要なサインです。このように「報われない」という気持ちが生じている場合は、苦痛から自分を解放するために行動することが必要です。場合によっては、自分を犠牲にする習慣を修正することが求められます。

《自己犠牲心》を適切にマネジメントするには、まず思い込みを手放します。「限度を超えて自分を犠牲にすることは正しいことではない」「無理して犠牲を払ったからといってよい関係や評価を得られるわけではない」「頼まれ事をしたときNOと言うのは、大きな視点で見れば悪いことではない」と、自分に言い聞かせます。

その上で、どの程度の献身をするか、自分で意思を持って決めます。一線を引き、「これ以上はしない」と決め、必要であれば周囲の人々にも伝えます。人から要求されたときに「NO」と言えないタイプの方は、144ページの「アサーティブ・コミュニケーション」を参考にされるとよいでしょう。相手への敬意を払いながら、代替案なども含め、自分の意思と事情を伝えます。

人助けをすることや、集団の中で積極的に活動を担おうという姿勢は素晴らしいことです。しかし自分にとって過剰な負荷がかかることを無防備に受け入れたり、無思慮なまま進んで取りにいくことは慎み、自分自身を大切にすることに意識を向けていただきたいと思います。

第 4 章

快適な感情を
自分でつくる「心の
ドライビング・テクニック」

● 不快な出来事を自分から切り離す「当事者意識解消ワーク」

「怒りがいつまでもおさまらなくて眠れない」「悲しい気持ちを引きずって、ふとした瞬間に泣いてしまう」──。

不快な感情に長々と苦しめられるのは、自分自身がいつまでもその感情と一体になっているからです。別の言い方をすれば、きっかけとなった出来事を体験したときの「当事者意識」「臨場感」から抜け出せないことが原因です。この状態は「自己同一化」と呼ばれます。

強い感情が湧いたとき、簡単に忘れることができないのは自然なことですが、意識的にこの状態から抜け出すことができます。激しい怒り、大きな心配、深い悲しみについてはそれぞれ後述しますので、ここでは日常的なストレスから生じる感情の処理方法についてご案内しましょう。

方法はいたってシンプルです。
その体験を自分から切り離して俯瞰で眺め、「当事者意識」から「傍観者意識」に変化させるのです。

もっとも簡単な方法として「オーバールック・ドローイング」を紹介します（図23）。

まず、1枚の紙とペンを用意し、出来事を図やイラストにして紙に描きます。

たとえば「同僚に、皆の前で過去の失敗をからかわれ恥をかかされた」という屈辱的な出来事があった場合、紙にふたりの人物を描き、相手のセリフ、自分のセリフなどを書き込みます。これが現実に起きた出来事です。

次に、この情景を第三者の目で眺め、それぞれの人物や、出来事に関する客観的な「感想」「分析」を赤いペンで書き込みます。

おそらく、その同僚については「悪意がある」「嫌なことをする人間だ」「職場の和を乱している」「皆の前で自分を優位に見せようとしている」な

図23 嫌な出来事・感情を自分から切り離す「オーバールック・ドローイング」

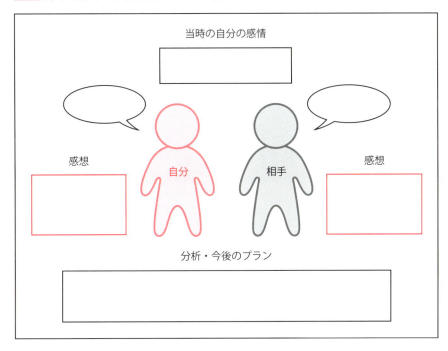

どが並ぶでしょう。それらは現場にいたほかの人々の感想と、さほど変わらないと思われます。

　こういった他者の受け止め方を冷静な気持ちで認識すると、自分が抱いた「恥ずかしい」「屈辱的だ」「悔しい」という気持ちもやわらぎます。

　一方、自分のそのときの振る舞いについても、客観的な感想を書き込みます。
「動揺して曖昧に笑って受け流すのではなく、何かうまく言い返してやればよかった」「明るく笑い飛ばしたり、大げさに嫌がるフリをしてみればよかったのでは？」など、どのように反応すればよかったのかが挙がってくると思います。もちろん正解は1つではなく、自分らしくその場を乗り

切る言動であれば何でもよいのですが、それを考える機会を持つことに意味があります。

このようにあらかじめイメージしておけば、その後、咄嗟にはできなかった望ましい反応ができるようになります。

そして「次に同じような場面があったら、うまく対処できる」という心の余裕が生まれます。

心の中に居座っている嫌な出来事や感情を、紙に書くなどして自分の外部に出すと、自分と切り離されたイメージが視覚的にフィードバックされます。これが意識下に作用して、その出来事や感情から自分を解放する助けになります。同時に俯瞰的な思考によっても当事者意識は薄れ、つらい感情との自己同一化が解消されていくでしょう。

●「他責」でなく「自責」でとらえる「自己効力感」回復ワーク

嫌な人や嫌な出来事に振り回されるのは、誰しも避けたいものです。とはいえ、多くの方は無意識に「自分では、嫌な出来事が起こらないようコントロールすることはできない」「自分の振る舞いに関係なく、嫌な出来事は降りかかってくる」「相手次第で引き起こされてしまう」と思い込み、避ける手立てを講じていません。

しかし実際には、**かなり多くの不快な出来事は、あらかじめ予防したり、事態が拡大しないよう自分でコントロールすることが可能**です。

ここでは「原因究明ツリー（WHYツリー）」というシンプルなワークをご紹介します（図24）。

不快な出来事をもとに、それを何段階にも掘り下げ「本当の原因」と「解決策」を探っていく手法です。

前提として、「嫌な出来事はすべてほかの人や偶然の出来事のせい」と

図24 原因究明ツリー

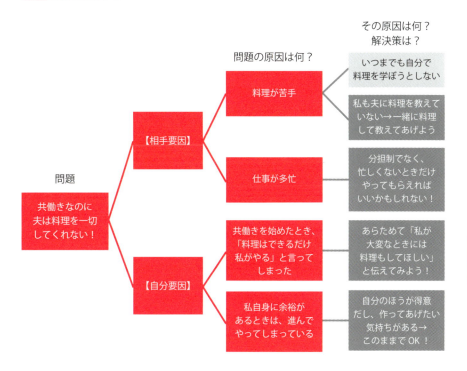

いう他責思考ではなく、「自分にも何かしら原因があったかもしれない」「あらかじめ防ぐ手立てがあったかもしれない」という自責の可能性を考え、それを探していくことを主目的とします。

1. 自分が経験した嫌な出来事を起点にします。
2. 視覚的に認識しやすくするため「相手要因」「自分要因」（必要であれば「環境要因」も含める）を振り分けます。
3. 次の階層では、「原因は何？」と考え、「相手要因」「自分要因」それぞれの観点から、可能性がある答えをすべて並べていきます。
4. さらに次の階層では、それぞれの答えについて、「その原因は何？」と掘り下げ、答えを書き込みます。その際、「どんなことを

していたら（していなかったら）、それは起こらなかったのか？」とい
う視点で探すと、解決策を見つけやすくなります。

5 この作業を、掘り下げられなくなる階層まで、あるいは解決策が見
つかるまで続けます。

> 　サンプル・ケースは「共働きなのに夫は料理を一切してくれ
> ない」という、妻の《怒り》の原因究明ツリーです。
> 　このワークをおこなうことで妻の《怒り》は大きく解消して
> いるので、夫にメッセージを伝える際も非難、攻撃にならずに
> すむでしょう。また、そのようなコミュニケーションができる
> と、夫から「前に何度か失敗したので料理に苦手意識がある」
> 「本当はつくってあげたい気持ちがあるけれど、美味しくない
> ものしかつくれないので自分からは言い出せなかった」と打ち
> 明けられるなど、夫の事情や本心を知ることにもつながりま
> す。
> 　最終的には「好意的なコミュニケーション」の不足が《怒
> り》の主原因であったと理解されるでしょう。

　ワークの結果、問題の原因は大部分、相手要因や環境要因にあって、自
分の責任はごくわずかだというケースが多いかもしれません。

　それでも「自分があのとき、こうしていたら（しなかったら）、この出来事
は起こらなかった」「今後は自分で防げる」という事実を確認することが
大切です。

　不快な体験について「自分にも責任がある」と考えたくない気持ちは誰
にでもあります。

　しかし**他責にしている限り、嫌な出来事を自分でコントロールすること
はできません。わずかな自責ポイントを見つけ、「自分で防げる」「物事は
自分の手の内にある」「自分が事態をコントロールできる」と納得できる**

と、むしろ気持ちが楽になるものです。「自分にはどうにもできない」という無力感を解消して、「自己効力感」を取り戻し、主体的に快適な毎日をつくっていきましょう。

● 感情別エマージェンシー「ToDoリスト」

咄嗟に湧き起こる不快な感情には、できるだけ早い対処が必要です。とくに《怒り》《恐れ》《悲しみ》は即座にヒステリックな反応、不適切な言動をしてしまうリスクが高く、あらかじめ「何をするべきか」「何をしないべきか」を心に留めておくことが大切です。

ここでは緊急の対処法を中心に、《怒り》《恐れ》《悲しみ》の手当てについてご案内します。

《怒り》《激怒》の緊急対処

これらの感情を即座に爆発させてしまうと、人間関係が修復困難なほど悪化したり、自分の人間的評価を下げてしまったり、あるいは後々まで《自己嫌悪》や《羞恥心》に苦しむことになるかもしれません。

これらを防ぐための**緊急マネジメントの基本は、「時間的・物理的・心理的な距離をとること」**です。

以下のうち可能なものを実行してみることをお勧めします。

1 時間をおく「6秒カウント法」
方法：深呼吸をしながら、心の中で「1、2、3……」と数字をゆっくり6まで数えます。
☞怒りの感情が脳の「大脳辺縁系」で生まれてから、それを「前頭前野」が抑えようと発動するまでには最短6秒の時間がかかります。この6秒を乗り切ることが目的です。

2 物理的な距離をおく「一時退避法」

方法：怒りが爆発しそうになったら、その場所から一時的に離れます。退室が難しい状況でも、「急用なので5分だけ」と断って、スマホを手にするなどして退室します。

> ☞怒りを生じさせた相手に面と向かったままの環境では、気持ちを鎮めるのは困難です。いったん離れることで感情をコントロールしやすくなります。

3 心理的な距離をおく「オーバールック法」

方法：現状を俯瞰で眺め「今、怒ったら自分にどのようなデメリットがあるか」を自分に言い聞かせます。

> ☞怒っているときは視野が狭くなっているので、当事者意識をいったん離れ、怒りを表現した場合に自分がどれほど傷つくか、どれほどの損失を被るかを想像し、「爆発したがる心」を「理性」で説得します。

4 身体から心を冷ます「心身冷却法」

方法：外気にあたって新鮮な空気を吸います。また冷たい水を飲む、冷たいタオルで顔を拭く方法も有効です。

> ☞心身は密接に関連していて、身体の熱を冷ますことで心の熱も鎮まります。また水に含まれるカルシウムイオンとマグネシウムイオンには、交感神経を抑えるなど神経系への鎮静効果があります。

《怒り》《激怒》の根本的マネジメント

《怒り》が生じた場面はなんとか暴発せずやり過ごすことができたものの、**その後も心の中に《怒り》が渦巻いているときには、ひとり冷静な思考によって適切な解決策を導き出します。**

　特定の人物に対して怒りを抱えている場合、以下の手順で思考を進めて

いくと、自分なりの適切な行動につながりやすくなるでしょう（図25）。

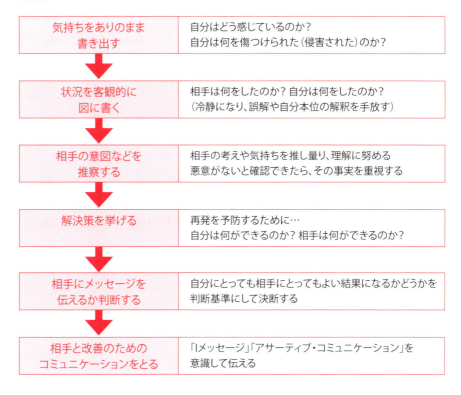

図25 怒りで苦痛を感じたときの基本的な対処法

[アイ(I)メッセージ]

　これは「I(私)」を主語にして相手に思いを伝える方法です。
《怒り》のメッセージを伝える際、一般的に「あなたはどうしてこまめに報告をしないのか」「あなたはどうして約束をやぶったのか」という具合に、「You(あなた)」を主語にしてしまいがちです。これは攻撃的な物言いにも聞こえ、言われた人は強い抵抗や反発を感じたり、萎縮してしまった

り、感情面で余計な軋轢を生む可能性があります。

そこで「私はもっとこまめに報告をしてほしかった」「私は約束を守ってもらいたかった」「（私は）残念だ」「（私は）悲しい」など、**「私」を主語にして伝えるよう留意します。**

［アサーティブ・コミュニケーション］

これは「相手に最大限の配慮をしながら、自分の要求や意見を主張すること」を指します。

言いたいことを言わずに我慢するのは「自分を尊重しない行動」です。反対に、思いやりのない言い方で伝えるのは「相手を尊重しない行動」です。

そういったコミュニケーションではなく、**「自分自身のことも相手のことも尊重して、言いたいことを伝えるコミュニケーション」を目指そうという考え方**です。

多くの場合、言うべきことを言わないですませるのは「それを言ったら相手に嫌な思いをさせる」、あるいは「結果として自分が損をすることになるかもしれない」などの思いが頭をよぎり、発言を「遠慮」「抑制」してしまうことが原因です。

しかし配慮をきかせた表現と態度さえ心がけておけば、言うべきことを我慢する必要はありません。こういった場面で必要な配慮としては、以下の点に気をつけるとよいでしょう。

●論点を明確にして、伝えるメッセージは最小限にする

「あなたは前回も同じことをした」「いつもこうだ」「ほかにもあんな問題がある」など論点を広げてしまうと人格攻撃になり、口論に発展しやすくなります。論点は明確、かつメッセージは最小限にして、余計なことは言わないよう気をつけます。

●ショッキングな言葉は避け、マイルドな表現を心がける

《怒り》《悔しさ》が内心にあると、どうしても相手を攻撃したくなります。激しい非難の言葉や、相手にとってショックな情報をぶつけることは避けなくてはいけません。

●対話でなく「こちらの思いが相手に伝わること」が目的だと意識する

相手によっては反論してくるケースも考えられます。口論に発展させてしまっては意味がないので、相手がどんなに筋の通らない反論や攻撃をしてきたとしても「あなたの気持ちはわかりました」「よく考えてみます」とだけ告げて、その場を去ります。一方、もし相手が落ち着いた様子を見せ、対話をしようという姿勢がうかがえたら、腹を割って話し合うとよいでしょう。

《悲しみ》《悲嘆》の緊急対処

これらは《怒り》と同様に、初動を誤ってしまうと後々まで甚大な影響をおよぼしてしまう可能性がある感情です。また感情を表現せず、心の中に抑圧してしまいやすい点でも似ているといえるでしょう。

《悲しみ》（36ページ）の項でお伝えしたとおり、癒えていくプロセスには12段階のさまざまな状態があります。このプロセスをスムーズに経過して明るさを取り戻すには、以下のポイントを参考に、**能動的に悲しみを癒す作業「グリーフ・ワーク」をおこなうとよい**でしょう。

- □ 泣きたい気持ちをこらえず、泣ける環境を用意して積極的に涙を流す
- □ 言葉にして悲しい思いを書く（心の日記／誰かへの出さない手紙）
- □ 理解、共感してもらえる人を選び、悲しい思いを話す
- □ サポートグループなど同じ体験をした人々と思いを分かち合い、支え合う

- ☐ 心に区切りをつけるセレモニーとして、関連する物品の整理・処分などをする
- ☐ 仕事や生活の負担を減らして、しっかり悲しむ
- ☐ 軽いウォーキングなどをして体を動かす
- ☐ 普段以上に健康的な食事をとる
- ☐ 質のよい睡眠がとれない場合は医療機関に相談する

［感情の解放、浄化作用がある「涙」を流そう］

多くの人は子どもの頃から「泣いているなんて恥ずかしい」「泣いても何も解決しない」と言われ、大人になる頃には「人前で泣くのは人間が未熟な証拠」「大人の涙はみっともない」という価値観を身につけています。

しかし「泣きたい」という欲求は、私たちの心が癒えようとする働きの現れです。**感情の治癒を促すため、泣く時間と場所を用意して、しっかりと涙を流しましょう。**

［言葉にして悲しみを吐き出そう］

言葉は感情の解放に非常に役立ちます。**言葉にして書くだけでも、自分の心を俯瞰できて少し気持ちが楽になりますし、心の中に渦巻く複雑な感情を整理・理解することも癒しにつながります。**淋しい、悲しい、悔しい、腹立たしい——。自分の苦しみの要素を一つひとつ拾い出し、吐き出すだけでもいいでしょう。

あるいは、別れた相手がいるなら「出さない手紙」を書くのも気持ちの区切りをつける上で効果的です。

［ひとりで苦しまず共感してくれる人を頼ってみよう］

孤独は《悲しみ》《悲嘆》にとって、よい環境ではありません。理解し合える友人など、共感して寄り添ってくれる人がいるなら**「迷惑になるのでは」**などと考えず、**思いのたけを話して受け止めてもらいましょう。**

また自身や家族の病気、事故、死別によってつらい思いをしているときは、同じ経験をした人々で支え合う「サポートグループ（分かち合いの会）」があります。

ほかにグリーフカウンセラーなどの専門家を頼る方法もあります。抵抗感も遠慮もなく話をする、よい機会になるでしょう。

［「物の整理」をして「心の整理」を促そう］

悲しい気持ちをいつまでも引きずらないために、関連する物を整理する、処分するという方法があります。不合格になった学校や不採用になった会社の学校案内、企業案内の資料など、不要になったものは手元に置かず処分します。「別れた恋人との思い出の品を捨てられない」という場合は、箱にしまって目に触れないようにします。

こういった作業は、**失った存在を自分から切り離し、それらがない世界で生きていくことを自覚することにつながります。**

また大切な家族を喪った場合は、四十九日や一周忌などの区切りで整理するとよいでしょう。このとき「故人に申し訳ない」という気持ちが湧くケースがありますが、遺品の整理は故人を粗末に扱うことではありません。亡くなった方は、遺された方が生き生きと新たな日々を歩んでいかれることを望んでいらっしゃると思います。

［悲しむために環境を整えよう］

悲しい出来事が起きても、私たちは日常生活を続け、生きていかなくてはなりません。仕事、家事、子育てなどに追われ、悲しんでいる暇などないと思われる方も多いと思います。ただし大きな喪失体験は、自分の心の危機的状況です。どんなに強い人でも、どんなに有能な人でも、手当てが必要なのです。

仕事の有休をとる、家族に断って家事を担ってもらうなど**能動的に環境を整え、「悲しむことに専念する」**時間をつくりましょう。

《悲しみ》《悲嘆》の癒しのプロセスについて、多くの人が1つの誤解をしています。

《悲しみ》《悲嘆》の治癒は、「悲しい出来事を忘れること」「思い出さなくなること」がゴールではありません。**「思い出しても悲しくならない状態」がゴール**です。

たとえば大切な家族を亡くされ《悲嘆》を病んでいる方は、故人を忘れたくないという思いから、心の底で「悲しくてつらいけれど、このままでいい」「忘れるくらいなら治りたくない」と思い、治癒のプロセスをスムーズに進んでいけないことがあります。そのような方が身近にいる場合には、故人を忘れる必要がないこと、思い出して「あんな楽しいことがあった」と笑って話せるようになる状態がゴールだということを教えてあげてください。

《不安》《恐れ》の緊急対処

これらの感情が生じたら、「悪化させない」「鎮静させる」ために有効な、手近な方法を試してみましょう。

まずは動悸、息苦しさ、顔面紅潮などの身体症状がないケースのセルフケアをご案内します。

- ☐ 温かい飲み物を少しずつ飲む
- ☐ 首や足など肌が露出しているところをやわらかい衣料で包む
- ☐ 貼るカイロを用いたり、室温を上げたり、入浴するなどして体を温める
- ☐ 温かい食事をとる。あるいは甘いもの、温かいものを間食としてとる
- ☐ 居心地がよくない環境にいるときは短時間でもいいので移動する
- ☐ 気を許せる人を選び、世間話をして意識をそらす

☐ 客観的な視点で現実的なアドバイスをしてくれる人を選び、率直に相談する

　身体を通じてこれらの感情を鎮静する場合は、**基本的に冷えをカバーするケアをおこないます。**

　また大勢の人が集まっている人込みや、会議室・電車内など閉鎖された空間、あるいは面談や食事など、目の前の人の視線が気になる環境にいる際は、何か理由をつけて一時的にその場から離れるとよいでしょう。気分を変化させるよいきっかけになります。

　もう1つ大切なことは**「ひとりで抱え込まない」「無理に頑張りすぎない」ことです。**気を許せる人に話して理解してもらうこと、適切なアドバイスをくれる人に相談することを優先しましょう

　《不安》《恐れ》に動悸・ほてり・顔面紅潮などがともなっているときは、身体的なケアを以下のようにします。ただし「頻繁に起きる」「改善しない」などの場合は、早めに医療機関に相談することが大切です。

☐ 居心地がよくない環境を離れる
☐ 新鮮な空気に触れられる場所で、ゆっくり深呼吸をする
　（過呼吸にならないよう気をつける）
☐ 冷たい水を少しずつ飲む
☐ 飴をなめるなど五感に心地よい刺激を与えて意識をそらす
　（飴は過呼吸を防ぐ上でも効果的）

《不安》《恐れ》の根本的マネジメント

　この感情の本質は「望ましくない将来のシナリオ」という想像です。これを打ち消すことが《不安》《恐れ》への対処となります。

　《不安》をかきたてるイメージは頭に強くこびりついて、「忘れてしまおう」「考えないようにしよう」と決意しても簡単には消えてくれません。

そこでもう少し丁寧な方法をとります。特定の事柄に《不安》《恐れ》を抱いている場合は、以下のワークをおこなってみましょう。

［リスク評価］

まずは、その《不安》が合理的な考えによるものなのかどうかを、**「実現可能性」「影響の大きさ」の2点から、論理的・客観的に確認します。**これをもとに、《不安》なシナリオを実現させないためのリスク対策が必要かどうかを判断します。

実現可能性

《不安》に思っていることが現実になる可能性の高さを客観的に測ります。極めてリスクが低い場合、それが明らかになるだけでも《安心》することがあります。また低リスクとわかっても《不安》が解消されない場合は、後述する「認知のゆがみチェック」をおこなうとともに、可能なリスク対策を講じてみるとよいでしょう。

実現するリスクが高いと判断されたら、次の検討項目「影響の大きさ」とともに考えあわせ、リスク対策をとるべきかを判断します。

影響の大きさ

《不安》に思っていることが現実になってしまった場合、自分は何を失うのか、どのような被害・損害を受けてしまうのかを、あらゆる観点から考えて書き出します。

次に、書き出した一つひとつの答えに対して「それは本当に自分が失いたくないもの、手に入れたいと思っているものなのか」を確認します。実は、社会通念や親からの刷り込みによる価値観に惑わされ、本当は欲していないものを求め、それが手に入れられなかったときのことを《不安》に思っているケースが少なくないのです。もし、そうとわかれば《不安》や《恐れ》を手放し、新たな目標に向かっていくことができ

ます。

　また、自分が本当に欲しているものだとわかった場合、上記の「実現可能性」と考えあわせ、必要であればリスク対策をとります。

［リスク対策］

リスク対策には大きく「回避」「低減」「移転」「受容」の４策がありますが、基本的には回避できる方法があればそれを実行し、なければ低減する方法をくまなく探し、実行します。

　その際、対策一つひとつの効果はさほど大きくなくてもよいので、「あんなこともやってみよう」「こんなこともしておこう」という具合に小さな対策を実行し、小さな《安心》を積み重ねることを目標にします。

　以上の方法があまりフィットしないケースの場合も、基本的な考え方は同じです。

　自分の心を深く見つめ、「自分はこの事柄の何が不安なのか」を要素に分解して、それら一つひとつに現実的な対策をとり、《安心》を少しずつ増やしていきます。

［認知のゆがみチェック］

　特定の事柄ではなく、さまざまなことに《不安》《恐れ》を抱いてしまう場合は、認知が否定的、悲観的にゆがめられている可能性もあります。

　この「認知」とは、物事の受け取り方、感じ方のことです。

　以下は《不安》《恐れ》を抱えやすい方にしばしばみられるゆがんだ認知の例です。当てはまるものがないか確認してみましょう。

● **破局的な思考**：ちっぽけな困難であっても、破壊的な大事件のように考えてしまう

　例：夫婦喧嘩になった→「もう夫婦仲を修復できない」「離婚にな

る」「私は人生の落伍者だ」

- **自己関連づけ**：自分に無関係のことであっても、理由もなく関連づけて考えてしまう

  例：友人が大病を患った→「自分にも同じことが起きるに違いない」「自分のせいであの人が病気になってしまった」

- **過度な一般化**：好ましくない出来事が起きると、それがつねに起きると考えてしまう

  例：仕事でミスをした→「またミスをするに違いない」「自分はいつもミスばかり」「何をやってもダメな人間だ」

- **拡大視と縮小視**：自分にとって好ましいことを過小評価し、反対に好ましくないことを過大評価してしまう

  例：仕事で大口の契約を成立させた→「同僚もこのくらいやっている」「別にめずらしいことではない」「喜ぶようなことでも褒められるようなことでもない」

- **恣意的な推論**：合理的な理由、明らかな証拠がないにもかかわらず、独断的に決めつけてしまう

  例：夫の帰りが連日、遅い→「浮気をしているに違いない」「そうに決まっている」

- **選択的抽出**：自分の考えを支持する証拠や事実だけを採用し、反証するものは無視してしまう

  例：自分は悪い病気ではないか→「朝、動悸がした。医務室の医師が『とくに問題ないでしょう』と言いながら目をそらした。占いでは健康運に注意と出た。やはり不治の病に違いない」

- **二分割的思考**：「白か黒か」「0か100か」「善か悪か」という両極端な見方をしてしまう

  例：子どものテストが90点だった→「これでは全然ダメだ」「勉強した意味がまるでない」

- **〜すべき思考**：合理的な理由もなく（あるいは合理的な理由があっても過度

に）「～すべき」「～すべきではない」という義務感にとりつかれ、自分を追い込んでしまう

例：「専業主婦なのだから、体調が悪い日やサボりたい日も、家事は完璧にしなくてはならない」「上司の自分は、部下と比べてすべてのスキルが優れていなければならない」「親の期待には応えなければならない」

　以上のようなゆがんだ認知が習慣になっていると、無駄に自分を追い込んで《不安》《恐れ》を生じさせることにつながります。

　また**ゆがんだ認知はゆがんだ意思決定を生み、行動や人生にまで波状的に影響を広げてしまいます。**もし自分に当てはまる傾向があった場合は、少しずつ解消していきましょう。

　仕事においてもプライベートにおいても、自分らしい輝きを放ちながら生き生きと活動する日々が実現することと思います。

あとがき

あなたの人生が
「喜び」で満たされるために

　社会が洗練され複雑化が進む中、自分の行動や他者の行動に悩む人々が増えています。そんなときはぜひ、本書の随所でお伝えしたさまざまな方法を解決に役立ててください。

　共通した考え方としては、**問題を「感情」「思考」「行動」の3つに分解して再度評価してみることが基本**です。すると自分の行動を最適化したり、他者への助言の仕方がわかるなど、解決への道が見えてきます。

　私がおこなっている「EQ（感情知能指数）」のプログラムは感情マネジメント、つまり感情と思考のコミュニケーションを円滑におこない行動につなげるプロセスをご支援するものです。この感情マネジメントにおいて、まず重要であるのが、自分の心に湧いた感情を正しく理解することです。それにはその感情を言い表す「言葉」を知っている必要があります。私たちは言葉によってあらゆる物事を認識しているからです。

　感情に関する語彙が乏しい幼少期は、感情マネジメントができず、隠し事をしたり、嘘をついたり、相手に対して暴力や暴言を振るったりという問題行動が多くみられます。

　その一方、泣きながら相手につかみかかる大人が少ないのは、感情の理解が高まっているおかげだと思います。

　本書を機会に**感情リテラシーを身につけていただければ、あなたの行動が最適化され、望ましい結果が実現される**と信じています。

　また本書で大きく取り扱っている「プルチックの感情の輪」というモデルは非常に優れており、日々発生する感情の理解に役立ちます。モデル図を見ながら本文の解説を読み、その知識をもってご自身の行動を振り返る

機会を重ねると、次第に最適な行動をとれる頻度が高まります。

　日々の成長は目に見えないほどささやかなものかもしれませんが、人生を数十年単位でとらえると、このスキルを身につけているか否かで、人生の成果や幸福度に天地の差が生み出されるはずです。
　あなたの人生が喜ばしい出来事で満たされるために、本書がお役に立てれば幸せに思います。

株式会社グロースウェル代表
大芝 義信

「 感 情 」逆 引 き 索 引

この索引は、感情や気分を表す言葉を見出し語とし、それぞれと関連が強い感情とページをリンクさせています。ふと心に浮かんだ言葉や心の状態、周囲の人が口にした言葉や様子などをこの索引で調べることで、そのときの感情を把握することができます。一部、同じ見出し語で異なる感情に関連付けたものもありますが、リンク先の解説を読んで、より自分が近いと思う感情を探ってみてください。ぜひ、感情リテラシー向上にお役立てください。

あ

哀愁を感じる	感傷的	36
愛情	愛	90
愛想をつかす	嫌悪	30
愛を感じている	愛	90
青ざめている	怒り、激怒	24
青筋を立てる	激怒	24
明るい見通しを持つ	楽観	70
アグレッシブ	攻撃性	73
遊び心がある	喜び	60
遊び心がある	関心	64
頭が真っ白になる	驚嘆	43
頭にくる	怒り	24
頭に血が上る	怒り	24
侮る	軽蔑	76
泡を食う	驚き	43
案じる	不安	48
(先のことを)案じる	警戒	64
安心する	平穏	60
安心できない	不安	48
唯々諾々	服従	87
意外なことに唖然とする	驚き	43
意外に思う	動揺	43
怒りが爆発する	激怒	24
怒りに震える	激怒	24
生きた心地がしない	恐怖	48
憤る	怒り	24
息まく	怒り	24
畏敬の念	畏怖	85
畏敬の念を持つ	敬愛	55
居心地よくある	平穏、喜び	60
意識を向ける	関心	64

依存心	服従	87
いたたまれない	恥ずかしさ	100
一定の評価を下す	容認	55
愛おしい	愛	90
愛しみ	愛	90
厭わしい	倦怠	30
居場所がない気持ち	孤独感	118
畏怖の念を抱いている	畏怖	85
忌み嫌う	嫌悪	30
嫌気がさす	倦怠	30
嫌に思う	嫌悪	30
依頼心	服従	87
イライラしている	苛立ち	24
イライラする	苛立ち	24
苛立っている	苛立ち、怒り	24
陰鬱である	悲しみ、悲嘆	36
浮かれる	喜び	60
ウキウキしている	驚き	43
ウキウキしている	喜び	60
受け入れられない	失望	82
受け入れる	容認	55
受け付けない	嫌悪	30
うざったい	倦怠	30
後ろ髪をひかれる	後悔	79
後ろ暗い気持ち	罪悪感	112
うしろめたさ	罪悪感	112
疑いがない	信頼	55
有頂天である	恍惚	60
有頂天になる	恍惚	60
うつ状態である	悲しみ、悲嘆	36
うっとうしい	倦怠	30
疎ましい	倦怠	30
うら悲しい	感傷的	36

恨み	屈辱感	103
羨ましい	嫉妬	97
憂う	不安	48
嬉しい	喜び	60
嬉しくある	容認	55
嬉しくある	喜び	60
嬉し涙が出る	恍惚	60
うろたえる	驚き	43
うんざりする	倦怠	30
エネルギッシュである	喜び	60
エネルギッシュである	関心	64
エリート意識	優越感	125
追い詰められる	恐怖	48
負い目に感じる	罪悪感	112
怒っている	怒り	24
押しつぶされそう	恐怖	48
惜しまれる	後悔	79
汚辱	恥ずかしさ	100
畏れ敬う	畏怖	85
畏れ慎む	畏怖	85
恐れている	恐れ	48
恐れる	警戒	64
恐ろしい	恐怖	48
落ち込んでいる	悲しみ、感傷的	36
落ち着いている	平穏、喜び	60
落ち着きを失う	動揺	43
落ち着く	平穏	60
驚いている	驚き	43
驚き慌てる	驚き	43
お祭り気分である	喜び	60
お祭り気分である	予期	64
思い悩む	恐れ	48
思いを残す	後悔	79
面白くない	苛立ち	24
（現状について）おろそかになる	予期	64

か

快活である	喜び	60
快活である	楽観	70
悔悟	罪悪感	112
悔悟する	後悔	79
悔恨	罪悪感	112
快適である	喜び、平穏	60

外聞が悪い	恥ずかしさ	100
顔も見たくない	嫌悪	30
関わりたくない	嫌悪	30
確信できる	信頼	55
愕然とする	驚嘆	43
過剰に興奮している	喜び	60
過剰に興奮している	関心	64
家族愛	愛	90
カチンとくる	苛立ち	24
がっかりする	失望	82
活気のある	喜び	60
活気のある	関心	64
カッとする	怒り	24
悲しい	悲しみ	36
哀しい	悲しみ	36
悲しみ嘆く	悲嘆	36
悲しみにくれる	悲しみ	36
悲しみに胸が張り裂けそう	悲嘆	36
悲しんでいる	悲しみ	36
カンカンになる	激怒	24
歓喜にひたる	恍惚	60
感謝している	容認	55
感謝している	喜び	60
感じやすい	感傷的	36
感傷的である	感傷的	36
関心がある	関心	64
感動している	恍惚、喜び	60
癪に障わる	倦怠	30
堪忍袋の緒が切れる	怒り	24
願望	憧れ	94
気がかりに思う	不安	48
気が動転する	驚嘆	43
嬉々とする	喜び	60
危惧している	不安、恐れ	48
危惧する	恐れ	48
気苦労に思う	恐れ	48
喜んでいる	喜び	60
傷つけてやりたい	憎悪	30
犠牲的精神	自己犠牲心	131
気勢を上げる	攻撃性	73
期待して臨む	楽観	70
期待を裏切られる	失望	82
気に入らない	苛立ち	24

「感情」逆引き索引　157

気に入らない	倦怠	30
気にかける	関心	64
気に障る	苛立ち	24
気に障る	倦怠	30
（先のことなどを）気にする	関心	64
気になって仕方がない	恐れ	48
気になる	不安	48
気に病む	恐れ	48
希望的	楽観	70
きまりが悪い	恥ずかしさ	100
（先のことが気になって）気もそぞろになる	予期	64
気持ちが上がる	喜び	60
気持ちが落ち着かない	不安	48
気持ちが重苦しい	恐れ	48
気持ちが沈む	感傷的	36
気持ちがはしゃぐ	喜び	60
気持ちが和らぐ	平穏	60
逆上する	激怒	24
共感する	容認	55
狂喜乱舞する	恍惚	60
矜持	自尊心	106
競争的	攻撃性	73
兄弟愛	愛	90
驚嘆している	驚嘆	43
仰天する	驚嘆	43
驚天動地	驚嘆	43
恐怖している	恐怖	48
恐怖で気がおかしくなりそう	恐怖	48
興味を持つ	関心	64
拒絶	失望	82
許諾する	容認	55
きょとんとする	動揺	43
拒否	失望	82
拒否反応が起きる	嫌悪	30
虚を突かれる	動揺	43
嫌い	嫌悪	30
気楽である	容認	55
気楽である	平穏	60
キレる	怒り	24
気をそそられる	関心	64
気を許す	容認	55
緊張している	不安、恐れ	48
緊張する	警戒	64

悔いを残す	後悔	79
空虚感	孤独感	118
屈従	服従	87
くつろぎを感じる	平穏	60
雲行きをみる	予期	64
悔しさ	屈辱感	103
悔やむ	後悔	79
敬愛している	敬愛	55
警戒している	警戒	64
警戒心を抱く	警戒	64
敬虔	畏怖	85
軽蔑している	軽蔑	76
激怒している	激怒	24
激怒する	激怒	24
毛嫌いする	嫌悪	30
逆鱗に触れる	怒り	24
激昂する	激怒	24
懸念している	不安	48
懸念している	予期	64
懸念する	不安	48
けむたい	倦怠	30
嫌悪感を抱いている	嫌悪	30
厳粛	畏怖	85
献身性	自己犠牲心	131
倦怠感がある	倦怠	30
幻滅	失望	82
好意	愛	90
後悔している	後悔	79
攻撃性がある	攻撃性	73
攻撃的	攻撃性	73
恍惚としている	恍惚	60
好戦的	攻撃性	73
興奮している	予期	64
荒涼としている	悲しみ、悲嘆	36
凍りつく	恐怖	48
孤高を保つ	孤独欲	128
心地よくある	容認	55
心地よくある	平穏	60
心穏やか	平穏	60
心穏やかでない	動揺	43
心がウェット	感傷的	36
心が躍る	喜び	60
心が騒ぐ	不安	48

心が弾む	喜び	60
心が舞い上がる	喜び	60
心が休まる	平穏	60
心が安らぐ	平穏	60
心ここにあらず	予期	64
心惹かれる	関心	64
心乱される	動揺	43
心もとない	不安	48
心を許す	容認	55
腰が抜ける	驚嘆	43
孤独でいる	悲しみ、感傷的	36
ご満悦	喜び	60
孤立感	孤独感	118
孤立を望む	孤独欲	128
怖い	恐怖	48
怖くてたまらない	恐怖	48
コンプレックス	劣等感	109

さ

罪責感	罪悪感	112
先取りする	予期	64
先を読む	予期	64
蔑む	軽蔑	76
挫折している	苛立ち、怒り	24
淋しさ	孤独感	118
賛同する	容認	55
慈愛	愛	90
幸せである	喜び	60
忸怩たる思い	後悔	79
自己顕示欲	承認欲求	121
自己肯定感	自尊心	106
自己主張欲求	承認欲求	121
師事する	敬愛	55
侍従	服従	87
自信	優越感	125
自責の念	後悔	79
自責の念	失望	82
自責の念	罪悪感	112
持続的に不安である	不安	48
自尊	優越感	125
自尊感情	自尊心	106
失意	失望	82
失望している	失望	82

師弟愛	愛	90
師と仰ぐ	敬愛	55
支配を受け入れる	服従	87
自罰感情	罪悪感	112
自負	優越感	125
至福である	喜び、平穏	60
自負心	自尊心	106
志望	憧れ	94
癪に障る	苛立ち	24
愁う	感傷的	36
充実している	容認	55
充実している	喜び	60
愁傷する	悲嘆	36
羞恥心	恥ずかしさ	100
集中している	関心、予期	64
主体性がない	服従	87
殉教者精神	自己犠牲心	131
情愛	愛	90
上機嫌	喜び	60
憧憬	憧れ	94
衝撃を受けている	驚き、驚嘆	43
賞賛	憧れ	94
承認する	容認	55
勝利感	優越感	125
触発されている	恍惚、喜び	60
自立心がない	服従	87
仁愛	愛	90
神経質である	不安、恐れ	48
信じられない	驚き	43
信じるに足る	信頼	55
心酔する	敬愛	55
慎重になる	警戒	64
信認する	信頼	55
信任を与える	信頼	55
心配事が頭から離れない	恐れ	48
心配している	不安、恐れ	48
心配でじっとしていられない	恐れ	48
心配でソワソワする	恐れ	48
心配で震える	恐怖	48
心服（信服）する	敬愛	55
信奉する	敬愛	55
しんみりする	感傷的	36
信用する	信頼	55

「感情」逆引き索引　159

信頼している	信頼	55
崇敬	畏怖	85
崇敬する	敬愛	55
ストレスである	不安、恐れ	48
すべてを委ねる	敬愛	55
青天の霹靂	驚嘆	43
寂寥感	孤独感	118
切ない	感傷的	36
絶望的である	悲しみ、悲嘆	36
センチメンタルな気分	感傷的	36
全幅の信頼を置く	敬愛	55
羨望	憧れ	94
羨望	嫉妬	97
憎悪を抱いている	憎悪	30
疎外感	孤独感	118
疎外されている	嫌悪	30
疎外されている	悲しみ	36
嫉み	嫉妬	97
反りが合わない	倦怠	30
ソワソワしている	不安、恐れ	48
尊敬	畏怖	85
尊敬する	敬愛	55
存在が許せない	憎悪	30
尊重欲求	承認欲求	121

た

大嫌い	憎悪	30
退屈である	倦怠	30
対策を考える	警戒	64
多幸感に酔いしれる	恍惚	60
他責の念	失望	82
達成している	容認	55
楽しい	喜び	60
頼りに思う	信頼	55
恥辱	恥ずかしさ	100
恥辱	屈辱感	103
着眼する	関心	64
着目する	関心	64
注意深くする	警戒	64
注目する	関心	64
嘲弄する	軽蔑	76
沈痛な思い	悲しみ	36
使い果たしている	感傷的、悲しみ	36

疲れ切っている	倦怠	30
疲れ切っている	感傷的	36
疲れている	倦怠	30
疲れている	感傷的	36
疲れ果てている	感傷的、悲しみ	36
付き従う	服従	87
罪の意識	罪悪感	112
強気	攻撃性	73
敵愾心を抱く	憎悪	30
敵視する	憎悪	30
天にも昇る気持ち	恍惚	60
同意する	容認	55
闘志を燃やす	攻撃性	73
闘争心	攻撃性	73
動揺している	動揺	43
度肝を抜かれる	驚き	43
戸惑う	動揺	43

な

蔑ろにする	軽蔑	76
泣ける	悲しみ	36
涙がこみあげる	悲しみ	36
悩んでいる	悲しみ	36
悩んでいる	不安	48
難色	不満	115
煮えくり返っている	怒り、苛立ち	24
苦手に思う	倦怠	30
憎い	憎悪	30
憎々しい	憎悪	30
憎らしい	憎悪	30
願い	憧れ	94
妬ましい	嫉妬	97
妬み	嫉妬	97
熱情	愛	90
眠くある	動揺	43
眠くある	平穏	60
(意見や要求を)のむ	容認	55
のんきである	喜び、平穏	60
のんびりしている	平穏	60
馬鹿にする	軽蔑	76

は

吐き気がする	憎悪	30

恥	恥ずかしさ	100
辱めを受ける	屈辱感	103
パニックになる	驚嘆	43
腹に据えかねる	怒り	24
はらわたが煮えくり返る	激怒	24
腹を立てる	怒り	24
バランスが取れている	容認	55
バランスが取れている	平穏	60
反省する	後悔	79
悲哀を感じる	悲しみ	36
悲観的である	悲しみ	36
悲観的である	不安	48
引け目を感じる	劣等感	109
膝がガクガクする	恐怖	48
悲壮な思い	悲嘆	36
悲嘆している	悲嘆	36
悲嘆する	悲嘆	36
悲嘆にくれる	悲嘆	36
悲痛な思い	悲しみ	36
びっくりする	驚き	43
ピリピリする	苛立ち	24
疲労している	倦怠	30
疲労している	感傷的	36
不安がる	不安	48
不安に思う	警戒	64
不意を突かれて浮足立つ	動揺	43
夫婦愛	愛	90
不穏な気持ち	不安	48
不機嫌	苛立ち	24
不機嫌である	怒り	24
不機嫌である	悲しみ	36
服従している	服従	87
復讐を誓う	憎悪	30
不審を抱かない	信頼	55
ブチギレる	激怒	24
不服	不満	115
不平不満	不満	115
侮蔑	軽蔑	76
不満足	不満	115
不満に思う	苛立ち	24
不名誉	恥ずかしさ	100
不名誉	屈辱感	103
不愉快	苛立ち	24

不愉快に感じる	嫌悪	30
プライド	自尊心	106
フラストレーション	不満	115
憤慨する	怒り	24
憤怒する	激怒	24
プンプンする	怒り	24
憤懣やるかたない	憎悪	30
平穏である	平穏	60
平和である	容認	55
平和である	平穏	60
辟易する	嫌悪	30
呆然自失する	驚嘆	43
呆然とする	驚き	43
誇り	自尊心	106
誇りに思っている	恍惚、喜び	60
ぼっち志向	孤独欲	128
ほっとする	平穏	60

ま

マジ切れする	激怒	24
満足している	容認	55
満足している	平穏	60
見くびる	軽蔑	76
見込む	予期	64
見下げる	軽蔑	76
惨めである	悲しみ、悲嘆	36
見立てる	予期	64
満ち足りている	平穏	60
みっともない	恥ずかしさ	100
見通す	予期	64
認める	容認	55
耳(目)を疑う	驚き	43
未練を残す	後悔	79
身を割くような悲しみ	悲嘆	36
ムカつく	怒り	24
ムカムカする	苛立ち	24
むくれる	苛立ち	24
無償の愛	愛	90
無上の喜び	恍惚	60
ムッとする	苛立ち	24
胸が張り裂けるよう	悲嘆	36
胸がひりひりする	悲しみ	36
無念	屈辱感	103

「感情」逆引き索引　161

命令に背けない	服従	87
目が点になる	驚き	43
恵まれている	容認	55
恵まれている	平穏	60
恵愛	愛	90
滅私奉公	自己犠牲心	131
目の敵にする	憎悪	30
目を留める	関心	64
目を丸くする	動揺	43
面食らう	動揺	43
盲目的	服従	87
もの悲しい	感傷的	36
文句	不満	115

や

やきもきする	警戒	64
焼きもち	嫉妬	97
安らいでいる	容認	55
安らいでいる	平穏	60
やる気がある	予期、関心	64
優越意識	優越感	125
憂慮する	不安	48
ゆっくりしている	容認	55
ゆっくりしている	平穏	60
夢	憧れ	94
夢うつつ	恍惚	60
夢心地	恍惚	60
陽気である	喜び	60
陽気である	楽観	70
要求	不満	115
用心深くする	警戒	64
容認している	容認	55

予期している	予期	64
予測する	予期	64
欲求	不満	115
欲求不満	不満	115
予防策を講じる	警戒	64
余裕の構え	楽観	70
よりどころとする	信頼	55
寄る辺なさ	孤独感	118

ら

ライバル心	嫉妬	97
落胆	失望	82
落胆している	悲しみ、悲嘆	36
落胆している	失望	82
楽天的	楽観	70
楽観している	楽観	70
利他心	自己犠牲心	131
良心の呵責	罪悪感	112
リラックスしている	容認	55
リラックスしている	平穏	60
リラックスする	平穏	60
冷静でいる	平穏	60
隷属	服従	87
劣後感	劣等感	109
劣弱意識	劣等感	109
劣勢感	劣等感	109
恋愛	愛	90
狼狽する	驚き	43

わ

我を失う	驚嘆	43

著者　大芝義信

株式会社グロースウェル代表取締役。1975年生まれ。ビジネス・ブレークスルー大学大学院経営管理修士（MBA）取得。
2001年からITに携わり、楽天、ミクシィ、GREEでキャリア形成。2013年、マザーズ上場会社でCTO（最高技術責任者）を経験後、2016年、（株）グロースウェルを創業。プロダクトや開発組織アドバイザーとして累計100社、現在は顧問先数十社を支援している。国内トップクラスのEQカウンセラーであり、累計1000名超のビジネスパーソンに対する実施経験を持つ。2021年、山梨県大月市DX戦略アドバイザー就任。
著作に『組織の感情を変える　リーダーとチームを伸ばす新EQマネジメント』（日本実業出版社）などがある。

自分や他人に振り回されないための
感情リテラシー事典

2024年 11月 5 日　初版発行
2025年 3 月27日　5 刷発行

著　者	大芝義信
発行者	太田　宏
発行所	フォレスト出版株式会社
	〒162-0824
	東京都新宿区揚場町2-18白宝ビル7F
電　話	03-5229-5750（営業）
	03-5229-5757（編集）
URL	http://www.forestpub.co.jp
印刷・製本	中央精版印刷株式会社

©Yoshinobu Oshiba 2024
ISBN978-4-86680-294-7　Printed in Japan
乱丁・落丁本はお取り替えいたします。

自分や他人に振り回されないための 感情リテラシー事典

本書の読者へ 著者から無料プレゼント！

本書で紹介した「The Mood Meter」と「プルチックの感情の輪」のA4サイズのPDFをプレゼントします。プリントアウトしたり画像を見ながら、日々はもちろん、時間ごとの感情の変化や周囲の人の振る舞いを観察して、感情リテラシーの向上にお役立てください。

すべて、以下のアドレスから入手できます。

https://frstp.jp/eq

＊無料プレゼントのご提供は予告なく終了となる場合がございます。あらかじめご了承ください。
＊無料プレゼントはWEB上で公開するものであり、DVDなどをお送りするものではありません。